Susanne und Matthias Strittmatter, Yaron Windmüller
Fallende Sterne

Fallende Sterne

Chronologie eines unplötzlichen Kindstods

Maurice Windmüller
1942 – 1944

Susanne Strittmatter, Matthias Strittmatter,
Yaron Windmüller

ATHENA-Verlag

Der auf dem Umschlag und im Innenteil des Buchs abgebildete Dreidel ist ein Kreisel mit hebräischen Schriftzeichen auf vier abgeflachten Seiten, die sich übersetzen lassen mit den Worten: »Ein großes Wunder geschah hier oder dort«. Der Dreidel ist ein beliebtes Spiel während Chanukka, wobei eingesetztes und erspieltes Geld für wohltätige Zwecke gespendet wird.

Bibliografische Information der Deutschen Nationalbibliothek

Die Deutsche Nationalbibliothek verzeichnet
diese Publikation in der Deutschen Nationalbibliografie;
detaillierte bibliografische Daten sind im Internet über
<http://dnb.d-nb.de> abrufbar.

1. Auflage 2024

Mellinghofer Straße 126, 46047 Oberhausen
www.athena-verlag.de

Umschlagabbildung: Dreidel aus »Brockhaus and Efron Jewish Encyclopedia«
(Wikimedia Commons)
Druck und Bindung: Majuskel Medienproduktion GmbH, Wetzlar
Printed in Germany
ISBN 978-3-7455-1182-6

Inhalt

Vorwort

Dieses Buch erzählt die Geschichte meines Cousins Maurice, welche mit meiner eigenen eng verbunden ist.

Wir sind acht Cousinen und Cousins. Solange wir denken können, wissen wir, dass wir eigentlich zu neunt sein sollten. Der älteste von uns fehlt. Er wurde bereits als Kind ermordet: Maurice. Sehr lange Zeit blieb er für uns nur ein Name und eine Zahl, eine statistische Ungenauigkeit in unserer Familiengeschichte. Erst durch das Engagement meines Bruders Arie änderte sich das. Es ließ ihm jahrelang keine Ruhe, dass unter all den Stolpersteinen, die in Emden verlegt worden waren, der Name unseres Cousins Maurice fehlte. Arie blieb hartnäckig in der Forderung nach einem Stolperstein für Maurice und eröffnete damit die Möglichkeit für einen familienhistorischen Moment: das Zusammentreffen aller Cousins und Cousinen mit ihren Familien zur Stolpersteinverlegung in Emden. Niemals zuvor waren wir alle zusammengekommen. Mein Bruder hat es geschafft, das zu organisieren, und das beeindruckt mich sehr. Für seine Initiative, die er mit Kraft und viel Herzblut vorangetrieben hat, möchte ich ihm danken.

Das Datum für die Stolpersteinverlegung stand bereits im Kalender, als ich feststellte, dass ich im Grunde genommen nichts über Maurice wusste. Wie konnte das sein? Ich wollte gut vorbereitet sein auf diesen Moment des Gedenkens und entschloss mich, Maurice in mein Leben zu holen. Ich erzählte meinen Freunden Susanne und Matthias von meinem Plan, und wir tauchten zu dritt in das kurze Leben von Maurice ein, folgten seinen Spuren, sammelten Material und Daten und ließen

Maurice zu Wort kommen. Was wir fanden, war erschütternd. Die Ereignisse entsetzten uns zutiefst – und genau das war es, was uns weitersammeln und weiterschreiben ließ. Maurice sollte endlich seine Geschichte erzählen dürfen. Susannes Schreibfertigkeit und Matthias' Sorgfalt und sein Wissen als Arzt haben dieses Buch erst möglich gemacht. Alles, was wir zusammengetragen haben, findet sich darin – eine unheimliche Dichte an Schicksalsschlägen und Fügungen in einer so kurzen Lebensspanne.

Dann kam der 7. Oktober 2023. In einem barbarischen Massaker durch islamistische Terroristen wurden unzählige unschuldige Menschen – vom Baby bis zum Greis – ermordet und verschleppt. Auch in meinem Freundeskreis gibt es Opfer. Die Ereignisse dieses Tages machten unseren Plan, in Emden zur Stolpersteinverlegung zusammenzutreffen, unmöglich.

Dieses Buch wurde vor dem 7. Oktober 2023 geschrieben. Doch mit diesem Massaker hat uns die Geschichte von Maurice auf grausame Weise eingeholt. Die unerträgliche Gewalt der Hamas und die Stimmen, die – auch in Deutschland – ihre Gräueltaten rechtfertigen oder bejubeln, erinnern uns daran, wie schwer es als Jude ist, in Sicherheit und Frieden zu leben. Als Vater ist dieser Gedanke besonders schlimm.

Seit hunderten von Jahren ist unsere Familie in Deutschland ansässig. Was soll ich meinem Sohn David empfehlen? Ist er sicher in Deutschland? Kann er hier offen als Jude leben?

Dieses Buch erzählt eine erschreckend zeitgemäße Geschichte. Der Genozid an den Juden, den das Nazi-Regime euphemistisch »Endlösung der Judenfrage« genannt und mit zynischer Akribie geplant und in den »Schlachthäusern Europas« umgesetzt hat, rückt uns durch die Geschichte von Maurice 80 Jahre nach seinem gewaltsamen Tod wieder sehr nahe – umso mehr vor dem Hintergrund der aktuellen Ereignisse.

Es ist die Geschichte eines Kindes und seiner Ermordung. Es ist keine fröhliche Geschichte, es ist keine Geschichte für Kinder und auch keine Geschichte für zarte Gemüter. Wer dieses Buch trotzdem lesen möchte, dem lege ich ans Herz, die Geschichte sehr langsam zu lesen. Nur so ist es möglich, genau zu verstehen, was damals in diesen 19 Monaten eines kurzen Kinderlebens geschah.

Es ist Chanukkah. Gerade geht die Sonne unter. Ich werde jetzt die vierte Kerze anzünden, und mein Cousin Maurice wird dabei sein.

Yaron Windmüller, Saarbrücken, den 7. Dezember 2023

Prolog

Ich bin Maurice.

Maurice, ein Name in guter Tradition an mich weitergereicht, in Erinnerung an meinen Großvater Moritz, doch im Gegensatz zu ihm mit einer kleinen frankophonen Schutzmauer, die Herkunft ein wenig verbergend, verschleiernd. Da bin ich also, gedacht zum Weiterleben, Weitertragen. Ein Stammhalter in Säuglingsformat, weil gerade im Dunkelsten alles nach morgen ruft.

Mein Leben dauert knapp neunzehn Monate, nicht mehr, und doch gibt es für mich mehr zu erfahren in diesen neunzehn Monaten, als mancher Mensch in einem Leben erleben mag, das neunzig Jahre währt.

Ich lerne das Grundböse kennen und das helle Gute und alles dazwischen.

Ich erlebe Hoffen und Bangen, Bangen und Hoffen, sich verwirbelnd im Widerstreit, im wahlweisen Öffnen und Verschließen der Schicksalswege.

Ich bin nicht der Einzige. Es gibt viele rechts und links von mir, wir gehen Schulter an Schulter, verbergen den Stern, der uns brandmarkt, verleugnen unsere Religion und lassen sie verleugnen, opfern wahlweise unsere Überzeugungen, unsere Geschichte einem unbändigen Überlebenswillen oder gleich unser Leben – und steigen in einer unermesslich großen Zahl in den Himmel auf, in dicken Rauchschwaden, die den Himmel über Auschwitz und Majdanek verdunkeln, werden gütig empfangen von dem, der da auf uns wartet und der sich nicht aufteilen lässt, der fassungslos und ohnmächtig auf die Kreaturen schaut, die er erschaffen hat, der bis heute den Fehler sucht, die Ritze, den nicht ordentlich verfugten Spalt, der das Böse in die Menschen ließ, das Böse zuließ und es wachsen, sich auswachsen ließ, bis es zu diesem Schwärzesten alles denkbaren Schwarz kommen konnte.

Ich habe in meinem Leben nicht die Gelegenheit, Philosophie zu studieren oder Theologie. Ich werde weder Sänger, noch kann ich das Spielen eines Instruments erlernen.

Ich erlerne in meinem Leben keine einzige Fremdsprache, bin nicht einmal richtig meiner Muttersprache mächtig, nein, weiß nicht einmal, was das ist, eine Muttersprache, noch welche das in meinem Fall sei.

Vielleicht wäre ich gerne dein Freund geworden, an deiner Seite gegangen, wir hätten uns erzählt von den kleinen Sorgen und den etwas größeren.

Ich hätte mich verlieben können, wahrscheinlich und gerne mehrfach, hätte eine Frau geküsst oder einen Mann und wäre geküsst worden. Wer weiß.

Ich kann mir viel erdenken, was aus mir geworden wäre, hätte ich nur mehr als einmal im Leben das Frühjahr erlebt mit seinen Versprechungen, mehr als zweimal den Sommer mit seiner Wärme und den Herbst mit seinen Farben und dem Ausblick auf das Neue, Knospende, das ihm schon innewohnt.

Fragst du, was ich zu erzählen habe aus einem so kurzen Leben?

Dann sage ich dir, denn ich kann es sagen, denn dort wo ich bin, gibt es nichts Vermessenes, hier zählen nicht die Jahre, sondern ihre Fülle, daher kann ich sagen, auf die Frage, was ich dir zu erzählen habe: Alles.

Maurice sein

Die Zeit der Schwangerschaft meiner Mutter, meine Geburt – wie erleben meine Eltern das in einer Zeit, in der die Hoffnung und die Zukunft rare Güter sind?

Meinen sie, dass es besser sei, mir dieses Leben zu ersparen? Oder freuen sie sich auf mich? Denken sie, glauben sie, hoffen sie, fühlen sie, dass ich ein Licht im Dunkel bin, sein kann, mich ins Morgen retten werde und die Welt nach ihnen ein kleines bisschen besser machen kann?

Ich weiß es nicht. Ich erinnere mich nicht an die Monate im Bauch meiner Mutter.

An meine Geburt erinnere ich mich auch nicht, aber dann bin ich plötzlich da, von der Welt willkommen geheißen oder nicht, und natürlich zählt da jemand meine Zehen und meine Finger, guckt, ob alles dran ist, schaut in meine Augen und erkennt die eigenen Augen oder die des Vaters oder der Oma, der Tante, der eigenen Mutter. Und schickt mich in die Welt, weil ein Kind Hoffnung heißt, begrüßt mich auf dieser Erde und ist einen kleinen Moment glücklich, so etwas geschaffen und geboren zu haben. Dieser Jemand ist meine Mutter, wer auch sonst, und wir teilen dieses innige Erlebnis der Geburt und die Augenblicke danach, denn Augenblicke messen sich nicht in Zeiteinheiten, sondern in Intensitäten, und so sind wir glücklich und verbunden für diese Momente, die für uns ein Leben sind und eine Ewigkeit.

Wenn ein Leben so kurz ist wie meins, dann dehnt sich die Minute zu einer Stunde, der Tag zu zwei Monaten, und der Monat zu einer halben Dekade.

Und so berichte ich dir mein Leben, wie ich es erinnere, wie es nachvollziehbar ist in Dokumenten und Papieren, in Fotografien und Briefen. Ich erzähle dir, wo sich mein Leben und das anderer überschneiden, wo ich andere Leben berühre und sie meins, wo sich ein Schicksal an das andere bindet, gewillt, sich zu verflechten, wo der Weg sich gabelt und eine helle Zukunft greifbar scheint, sich Hoffnungen verwirbeln und auflösen einer Scheinerscheinung gleich, wo ich andere mitreiße, die mich mitnehmen wollen.

Ich bin Maurice.

Ich bin mehr als ein Stolperstein.

Mein Leben währt neunzehn Monate.

Es reicht für hundertneunzig Jahre. Und mehr. Denn ich lebe weiter und fort, bin in der Erde, auf der du gehst, bin in dem Wasser, das du trinkst, in der Pflanze, die du isst, bin im ewigen Kreislauf gefangen wie du.

Du hättest ich sein können, und ich du, gehören wir doch beide Gott: Welches Leben würdest du wählen, hättest du die Wahl?

Schwerkraft

Am 14. Juli 1942 verlasse ich den wohl umfassendsten Schutz, den ein Mensch nur haben kann: Ich werde geboren.

Ich verlasse die warme Schwerelosigkeit und begebe mich, nachdem meine Eigenständigkeit mit einem beherzten Schnitt durch die Nabelschnur endgültig bestätigt ist, in die Welt der Gesetze der Schwerkraft.

Wie jedes Kind, das zur Welt kommt, habe ich einen Vater und eine Mutter.

Und wie jedes Kind, das zur Welt kommt, bringe ich die Botschaft der Hoffnung mit. Die Botschaft, dass Gott – welcher und wessen auch immer, ich mache da keine Unterschiede – noch nicht die Hoffnung in die Menschheit verloren hat, und jedes Kind, das da geboren wird, mit Potentialen auf die Welt kommt, die sich entfalten können oder nicht, je nachdem, welches Außen da auf ein Innen trifft.

zeggen voor de vele blijken van belangstelling voor en bij hun huwelijk ondervonden.
Noordbroek-Hamrik, Juli 1942.

Met groote blijdschap maken wij de geboorte van onzen Zoon

MAURICE

bekend.
Groningen, 14 Juli 1942.
Oosterhamriklaan 4.
S. WINDMÜLLER.
R. WINDMÜLLER—KORNBLUM.

Met groote vreugde en dank aan God, geven we kennis

Nieuwsblad van het Noorden, 15.07.1942

Eine Anzeige in der lokalen Zeitung verkündet meine Ankunft. Mit großer Freude, so steht es da, geben meine Eltern die Geburt ihres Sohnes bekannt.

Ihres ersten Kindes.

Ihres einzigen Kindes.

Ein Zauberanfang – so trete ich, eben geboren und schrumpelig und die Fontanellen noch nicht geschlossen und so hoffnungsfroh, wie ein Neugeborenes eben sein kann, meine Reise an.

Alles, was ich hier schreibe, habe ich erlebt, denn ich war Empfindung und Gefühl. Und dennoch: Wissen tue ich alles das nur vom Hörensagen, aus Erzählungen und Dokumenten, deren Sinn sich mir erst nach und nach erschloss. Ich sammelte Fakten wie ein herbstlicher Pilzsammler Pilze. Ich ließ mir, jetzt, da meine Gefühle und Empfindungen begleitet werden von einem klaren Verstand, erzählen, was außen herum vor sich ging, während ich in mir selbst stattfand, Innenansichten nicht verklärt waren von geschichtlichen Ereignissen, die in diese oder jene Richtung wiesen – meistens in jene –, verband nach und nach eine Innen- und eine Außensicht und bekam ein Gesamtbild dessen, was sich in dieser Zeit, in diesen gut eineinhalb Jahren, zutrug.

Geboren werde ich in Groningen in den Niederlanden, wenngleich die Wurzeln meiner Familie im norddeutschen Emden liegen, einem Ort, dessen Lage an der See zugleich Sackgasse wie auch Freiheit bedeuten kann. Freiheit für die, die die Chance bekommen, irgendwo anzuheuern, unterzuschlüpfen, ein Ticket für die Passage zu erhalten und überzusetzen in das Promised Land.

Eine Sackgasse für die, denen das Glück weniger hold ist, die die falsche Entscheidung treffen oder einfach nicht über die Mittel verfügen, und die sich auf dem Landweg in vermeintliche Sicherheit zu bringen versuchen, in brüchige, nur temporär gültige und trügerische Sicherheit.

Die sich aufmachen in das, was sich herausstellen wird als das Unpromised Land, das Land der enttäuschten Verheißungen.

Juli

Ich bin da.

Meine fünf Sinne sind auch da.

Vor allem Tasten kann ich gut.

Meine Sichtweite beträgt 20 bis 25 Zentimeter.

Wenn ich nicht durch eine intensive Lichtquelle geblendet bin, kann ich das Gesicht meiner Mutter sehen, wenn sie mich im Arm hält.

Und das Gesicht meines Vaters.

Und das Gesicht meiner Großmutter.

Ich kann meine Mutter auch am Geruch erkennen.

Diesen Geruch kenne ich schon seit über neun Monaten.

Die Wetterlage

Der Wind bläst mäßig aus Südwest am Tag meiner Geburt, und auch die Temperaturen und der Regen sind mäßig.

Der Wind wird drehen am nächsten Tag und aus Nordwesten kommend die ersten Züge ab Lager Westerbork Richtung Polen wehen, mit 1.135 Menschen in den Waggons.

Ich spüre die Aufregung meiner Eltern, nehme die Angst in ihrem Geruch wahr und die veränderte Stimmlage. Ich bemerke ihre Bemühungen, die Angst zu vertuschen, zu überdecken. Einmal mehr streichen sie mir über den Kopf, drücken mich etwas fester als zuvor, und mehr als einmal bricht ihre Stimme in ihrem Bemühen, fröhlich zu wirken.

Wie oft habe ich, diesen Momenten nachspürend, das Foto betrachtet, das mir geblieben ist: Meine Eltern und ich, alle drei den Blick in die Kamera gerichtet. Sie sind gut gekleidet, meine Eltern. Fünfunddreißig ist meine Mutter da, mein Vater knapp drei Jahre jünger.

Mein Vater hält mich, wie nur ein frischgebackener Vater es kann, mit einem Griff, der Geborgenheit zu vermitteln weiß wie auch das Quantum Stolz. Alles nicht mehr selbstverständlich in dieser Welt. Er trägt eine Krawatte, der Knoten ist perfekt gebunden. Er hat sich gut gekleidet für diesen Anlass, zu wertvoll ist der Moment, er weiß nicht, aber er mag ahnen, wie wertvoll dieser ist, wie rar. Und doch liegt da etwas Mattes in seinem Blick, es liegt eine bedrückende Traurigkeit über dem ganzen Arrangement, über der kleinen Gruppe, die dem Anlass widerspricht, für den wir uns hier eingefunden haben.

Hinter uns beiden, die wir sitzen, wobei ich mehr liege oder hänge als dass ich sitze, steht meine Mutter, mit leicht zu uns gebeugtem Kopf, bereit, uns den Rücken freizuhalten, ihr Blick der einer erlöschenden Löwin, die um den bevorstehenden Kampf weiß wie auch um die ungleichen Waffen. Der Kopf meines Vaters verdeckt den Stern zur Hälfte.

Ein weiteres Foto zeigt mich mit meiner Großmutter Jette, die mich auf ihren Knien liegend im Arm hält, und ich schaue zu ihr hoch und sie schaut zu mir herunter, und da ist so viel Gütiges in diesem Blick und so viel Liebe. Das hätte noch was werden können mit uns beiden, sie hätte an meinen Lausbubenstreichen sicher eine Freude gehabt, aufgeschlagene Knie verarztet und kaputte Hosen geflickt.

Aber auch hier kommt der Stern dazwischen, in Draufsicht rechts und so groß wie mein Kopf.

Maurice mit Salomon Windmüller und Ruth Windmüller-Kornblum

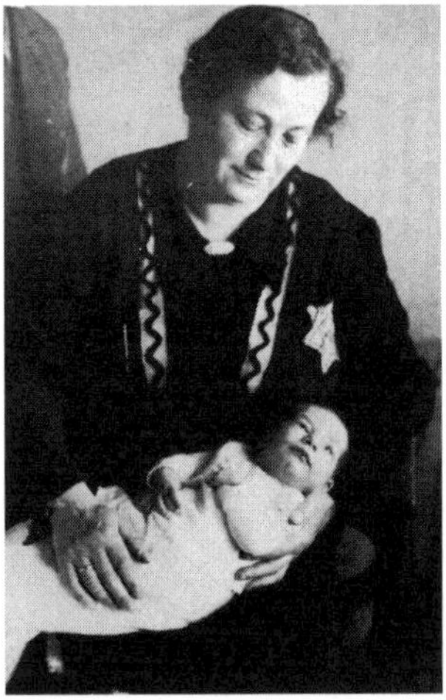

Maurice mit seiner Großmutter Jette Windmüller

August

Ich schlafe viel und lange, ungefähr 20 Stunden am Tag.

Mein Greifreflex funktioniert so, wie die Natur ihn angelegt hat.

Bei entsprechendem Nahrungsangebot könnte ich bereits jetzt die vier Geschmacksrichtungen süß, sauer, salzig und bitter unterscheiden.

Aber schon jetzt dominiert bitter.

Ich kann schon wimmern und weinen, um meine Bedürfnisse auszudrücken.

Wimmern und Weinen werden mich fortan begleiten.

Das Bittere auch.

Telegramm

Ich bin nicht einmal einen Monat alt, als die Nachricht per Telegramm nach London und über den großen Teich nach Washington geht, über britische und amerikanische diplomatische Kanäle, wie es brisante Nachrichten von Weltbedeutung zu tun pflegen.

»Erhielt alarmierenden Bericht, in Führerhauptquartier werde Plan diskutiert und erwogen, alle Juden in von Deutschland besetzten oder kontrollierten Ländern, Anzahl dreieinhalb bis vier Millionen, nach Deportation und Zusammenfassung im Osten mit einem Schlag auszurotten und damit die jüdische Frage in Europa ein für allemal zu lösen. Aktion geplant für Herbst. Methoden einschließlich Blausäure in Diskussion. Wir übersenden diese Information unter gebotenem Vorbehalt, da Genauigkeit von uns nicht überprüft werden kann. Unser Informant soll enge Verbindungen mit höchsten deutschen Behörden haben, und seine Berichte sind im Allgemeinen zuverlässig. Bitte New York informieren und befragen.«[1]

Absender der Nachricht ist Gerhart M. Riegner, Büroleiter des Jüdischen Weltkongresses in Genf, Informant der deutsche Industrielle Eduard Schulte.

Sie sind nicht ohne Informationen dort in London und in Washington; es liegen bereits Nachrichten über stattgehabte Massenexekutionen durch die Wehrmacht und die SS in Polen und an der Ostfront vor, und die Glaubwürdigkeit des Informanten steht auch nicht zur Debatte.

Dennoch bewertet das amerikanische State Department den Inhalt zunächst als »wildes, von jüdischen Ängsten inspiriertes Gerücht«, und das Telegramm bleibt zunächst im amerikanischen Außenministerium liegen.

Warum? Ist es zu groß, was dort steht, zu unmenschlich, zu unvorstellbar?

Ist es einfacher, es abzutun als einen Pavor Nocturnus, ein an die Wand geworfenes Schreckgespenst, als sich mit den Abgründen menschlichen Hasses auseinanderzusetzen, die Möglichkeit zu akzeptieren, dass Menschen zu Taten dieser Dimension in der Lage sind?

Dieses Telegramm spätestens, so es tatsächlich die erste Information in dieser Hinsicht ist, markiert den Break Even, den Scheidepunkt von Wegsehenwollen und Hinsehenmüssen. Es ist spätestens dieses der Punkt, von dem an Ausreden, nicht gesehen und nicht gewusst zu haben, nicht mehr gelten.

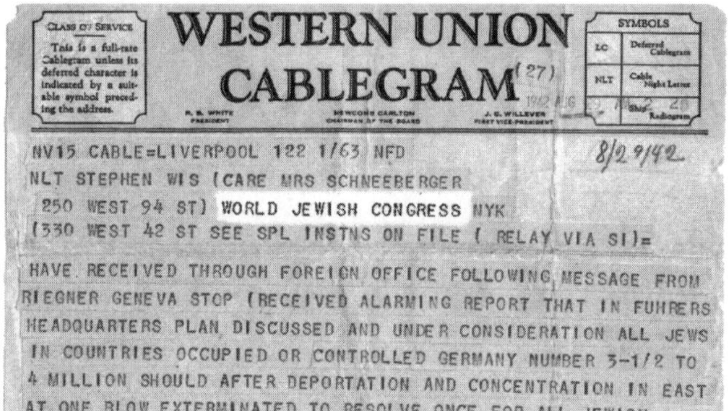

CLASS OF SERVICE
This is a full-rate Cablegram unless its deferred character is indicated by a suitable symbol preceding the address.

WESTERN UNION
CABLEGRAM (27)

SYMBOLS
LC Deferred Cablegram
NLT Cable Night Letter
Ship Radiogram

R. B. WHITE PRESIDENT — NEWCOMB CARLTON CHAIRMAN OF THE BOARD — J. C. WILLEVER FIRST VICE-PRESIDENT

NV15 CABLE=LIVERPOOL 122 1/63 NFD 8/29/42
NLT STEPHEN WIS (CARE MRS SCHNEEBERGER
250 WEST 94 ST) WORLD JEWISH CONGRESS NYK
(330 WEST 42 ST SEE SPL INSTNS ON FILE (RELAY VIA SI)=
HAVE RECEIVED THROUGH FOREIGN OFFICE FOLLOWING MESSAGE FROM
RIEGNER GENEVA STOP (RECEIVED ALARMING REPORT THAT IN FUHRERS
HEADQUARTERS PLAN DISCUSSED AND UNDER CONSIDERATION ALL JEWS
IN COUNTRIES OCCUPIED OR CONTROLLED GERMANY NUMBER 3-1/2 TO
4 MILLION SHOULD AFTER DEPORTATION AND CONCENTRATION IN EAST
AT ONE BLOW EXTERMINATED TO RESOLVE ONCE FOR ALL JEWISH
QUESTION IN EUROPE=

CFM 3-1/2 4 QUICKEST, SUREST AND SAFEST WAY TO SEND MONEY IS BY TELEGRAPH OR CABLE

Riegner Telegramm

September

Ich kann erste Laute artikulieren, ich wachse und nehme an Gewicht zu.

Ich entdecke meine eigenen Hände, kann greifen, aber noch nicht loslassen.

Ich werde bald loslassen müssen, ob ich das nun kann oder nicht.

Mich wird keiner fragen.

ש

September 1942

Täuschung

Die deutsche Polizei hat die Kontrolle in den Niederlanden, die fast vollständige Kontrolle – und das ist einer der Gründe, warum die Deportationen in den Niederlanden geräuschloser, kontrollierter und effektiver verlaufen als beispielsweise in Belgien oder Frankreich.

Und warum Gewalt anwenden, warum sich noch mehr Mühe machen als notwendig, wenn man auch täuschen, tricksen und betrügen kann, um an sein Ziel zu kommen?

Warum also nicht die jüdische Bevölkerung in Sicherheit wiegen, in Sicherheit zu wiegen versuchen, warum nicht vorläufige Freistellungen ausstellen, die man dann ja wieder einkassieren kann?

Warum nicht ankündigen, dass es in der nächsten Zeit, meinetwegen über Feiertage, keine Verhaftungen und Internierungen geben wird, und so die versammelte feiernde Familie in Bausch und Bogen dann doch verhaften?

So kann man doch zugleich Widerstand verringern und dafür sorgen, dass nicht so viele abtauchen und sich verstecken.

Was müssen sie sich die Hände gerieben haben, die Herren Besatzer, die Herren SS, mit dem wuchernden Bösen im Herzen.

Immer dann, wenn ich denke, perfider und zynischer geht es nicht, das ist der Gipfel der Menschenverachtung, werde ich eines Besseren belehrt.

Es geht immer noch ein bisschen gemeiner, alles ist steigerbar, nicht nur absolut, sondern auch prozentual.

Eine exponentielle Zunahme der Gemeinheiten, des Zynismus, der Perfidität, der Menschenverachtung.

Es geht noch viel schlimmer.

Am 21. September teilen die deutschen Behörden dem Judenrat mit, dass vorerst keine Juden nach Deutschland gebracht werden sollen und es kaum Verhaftungen geben werde. Große Erleichterung, sicherlich, aber mit Sicherheit auch durchwachsen von Skepsis; welches Gefühl mag die Oberhand haben?

Und wie lebt es sich wohl mit dieser andauernden Dichotomie der Gefühle?

Jetzt verstehe ich, warum ich damals dieses ungute Gefühl hatte und den Drang, zu rufen, zu schreien, *Glaubt ihnen nicht, den Nazis*! Glaubt ihnen auch nicht oder erst recht nicht, wenn sie freundlich schauen oder Nettes sagen! Erst recht nicht, dann schon gar nicht, wenn sie dich um Gefälligkeiten bitten, mit dem Glückslos, dem Hauptgewinn als Gegenleistung, der Überleben heißt, zumindest für einige Zeit.

Glaubt Ihnen nicht!, will ich erneut rufen, aber ich bekomme keinen Ton heraus.

Es bleibt still, egal wie sehr ich versuche, Luft zu sammeln in meiner Lunge für den Warnschrei.

Denn erstens bin ich nicht da, nicht vor Ort, nicht nah genug dran, überhaupt nicht draußen, und zweitens viel zu klein für diesen Schrei. Und außerdem und drittens: Wer würde einem Baby schon Glauben schenken?

Es werden Razzien geplant, beileibe keine kleinen, nein, groß angelegt, und mit Höhepunkt in den ersten Tagen des Oktobers.

Dass ich so recht haben muss mit meinen Vorahnungen, mit meinen ungelenken Gefühlen.

Oktober

Ich kann meinen Kopf heben und ihn auch halten! Mit meinen Armen und Beinen strample ich nunmehr nicht nur, sondern kann gezielte Bewegungen ausführen.

Könnte ich nur ein Warnschild hochhalten.

Oktober 1942

Rubikon

Wie es sich für ein Baby gehört, verbringe ich die ersten Monate meines Lebens mit meinen Eltern. Ein Sommerkind bin ich ja, die Temperaturen angenehm. Ich kann mich nicht an Details erinnern, weiß nichts über Spaziergänge, nichts über ein Morgenritual oder ein Lied am Abend, aber etwas davon muss es gegeben haben, denn da klingt etwas in mir, gefühlte Erinnerungen oder erinnerte Gefühle, federleichte Bruchstücke von Gefühlserinnerungen und Erinnerungsgefühlen.

Der Sommer kippt in den Herbst.

Knapp zweieinhalb Jahre ist es jetzt her, dass die deutschen Truppen die Niederlande angegriffen und besetzt haben, und seit wohl exakt diesen zweieinhalb Jahren ist die Angst wieder da, die Angst derer, die geflohen sind vor den Schergen Hitlers, die Deutschland verlassen haben und sich in vermeintliche Sicherheit gebracht haben – und jetzt fassungslos zusehen müssen, dass auch hier, wo eigentlich doch Niederlande draufsteht, tatsächlich Deutschland drin ist.

Dass Deutschland ihnen gefolgt ist in den Trug von Sicherheit und hier jede noch so geringe Leichtigkeit, jeden Anflug von Hoffnung und Zukunft ausblasen wird wie eine ohnehin schon flackernde Kerze.

Es ist die Nacht vom 2. auf den 3. Oktober 1942, als das im September angelegte Täuschungsmanöver seinen geplanten Höhepunkt findet.

Es ist Feiertag für jüdische Familien, es ist Simchat Tora, Freude der Tora, hoher jüdischer Feiertag, und wenn jetzt alles passt und die Familien sitzen zusammen, und da sind zumeist nur die Frauen und Kinder anwesend, weil die Männer zu vielen im Arbeitslager sind – ja, dann kann man da klingeln als niederländische Polizei, in der Funktion des Handlangers des Bösen, und die Frauen und Kinder einsammeln.

Und dann, wo man schon mal dabei ist, folgt dann auch Täuschungsmanöver II, ebenso menschenverachtend und perfide: Da lügt man, erzählt was von Familienzusammenführung, und bringt Männer, Brüder, Söhne aus den Arbeitslagern zu ihren Familien. Zu ihren Lieben, die sie seit Monaten nicht gesehen haben.

Familienzusammenführung in boshaft: Familienzusammenführung in Westerbork.

Ein großer Teil der jüdischen Bevölkerung der Niederlande wird so in das Durchgangslager Westerbork verschleppt. Westerbork, Durchgangslager, das Portal zur Hölle, denn die Hölle kommt noch, wartet doch Auschwitz, und nach Ausschwitz fahren ja die Züge.

Und die wird es brauchen, denn das Lager Westerbork füllt sich schnell.

Die für 3.000 Menschen ausgelegten Baracken (allein das, was für eine Zahl!) überfüllen sich schlagartig mit den tatsächlich 13.000 Menschen, die hier zusammengepfercht werden, die zum großen Teil auf dem Boden schlafen, auf dem Boden sitzen müssen: zu wenig Betten, zu wenig Stühle, zu wenig alles.

Großreinemachen. Säuberung in den Niederlanden. Auch in Groningen.

Es ist ein Rubikon, der zu überwinden ist, will man Menschen entmenschlichen, sie auf eine Stufe stellen mit Ungeziefer und Schadnagern, bis dann die Vernichtung eine notwendige Konsequenz ist und keine unfassbare Grausamkeit, der Gipfel alles Bösen.

Es ist der Schritt vom Mörder zum Kammerjäger, ein kleiner gedanklicher, wertezersetzter Schritt, und dann fügt sich alles. Dann wird nicht Leben genommen, sondern geschützt. Dann wird freigehalten von Ungeziefer und von Schadnagern.

Es ist dieser Schritt, dieser kleine und doch so verheerend große Schritt, der nicht gemacht werden durfte und nie wieder gemacht werden darf.

Es ist dieser Schritt über diese Grenze, diesen Rubikon, dass sich ein Rad in das andere fügt. Denn dann werden Listen erstellt und Karteikarten, um auch niemanden zu vergessen. Und dann sind da keine Menschen mehr in den Zügen, ja nicht einmal Nutzvieh, sondern irgendwas Schmutziges, Gefährliches. Nicht zu nahekommen, nicht in die Augen sehen, nicht anfassen. Könnten ja doch Menschen sein, und dann, SS-Mann, was ist dann mit deiner Seele und Glauben und Gott?

Die Humanität fällt und öffnet der Barbarei Tür und Tor, aber das kann man ja nicht sagen als Regime, als Regimetreue, mit dem Doppelkonsonanten auf der Uniform, dass wir inhuman wären. Wir lieben doch unsere Frauen und Kinder, lieben auch Hunde, Schäferhunde und Dackel gerne, ganz human und tier- und menschenfreundlich.

Daher geht es nur andersherum: Es geht nur über die Entmenschlichung der Opfer.

Auch die Aufteilung der Vernichtungsaufgabe tut ihr Übriges. Die Aufteilung in kleinste Handgriffe, die erfüllt sein wollen für ein Lob und Schulterklopfen, und die es zulassen zu sagen »Ich habe doch nur.« Taylorismus in Perfektion, pflichtbewusste Aufgabenerfüllung, gern genommene Scheuklappen, in der Tasche schon die zurechtgebogene Erklärung für das eigene Handeln, denn man muss ja noch gut schlafen können bei Nacht.

Tut ihr das?

Schlaft ihr tatsächlich gut?

Und wenn ja: Wie geht das?

Wo, frage ich mich weiter, und es bringt *mich* um den Schlaf, hätte man es aufhalten können? Welches ist der entscheidende Schritt über den Rubikon? Zu welchem Zeitpunkt war kein Halten mehr möglich, weil die Maschine schon zu viel Fahrt aufgenommen hatte und durchstarten musste? Oder ist immer ein Halt möglich?

Wird sich alles das wiederholen, immer und immer wieder, bis zum Untergang der Menschheit?

Die Deportationszahlen steigen, müssen steigen, wie gesagt, Westerbork ist überfüllt, da muss Abhilfe her. Ab jetzt wird er geschäftsmäßig, der Abtransport der Juden aus den Niederlanden.

Folgende Deportationszahlen von Westerbork nach Auschwitz im Oktober 1942 sind überliefert:[2]

2.10.1942, Anzahl deportierte Personen 1014, Ankunft 3.10.1942.

5.10.1942, Anzahl deportierte Personen 2012, Ankunft 7.10.1942.

9.10.1942, Anzahl deportierte Personen 1703, Ankunft 11.10.1942.

12.10.1942, Anzahl deportierte Personen 1711, Ankunft 14.10.1942.

16.10.1942, Anzahl deportierte Personen 1710, Ankunft 18.10.1942.

19.10.1942, Anzahl deportierte Personen 1327, Ankunft 21.10.1942.

23.10.1942, Anzahl deportierte Personen 988, Ankunft 25.10.1942.

26.10.1942, Anzahl deportierte Personen 841, Ankunft 27.10.1942.

30.10.1942, Anzahl deportierte Personen 659, Ankunft 1.11.1942.

Ich gehe noch einmal die Listen durch, die Listen der Verschleppung nach Westerbork. Nein, meine Eltern sind da noch nicht dabei.

Sie

sind

noch

bei

mir.

November

Ich könnte jetzt glucksen und lachen, wenn mir danach wäre. Auch an die sich ständig verbessernde Hand-Mund-Koordination verschwende ich nicht allzu viel Aufmerksamkeit.

Wenn mich jemand hält, kann ich meine Beine durchdrücken. Hält mich jemand? Meine Großmutter vielleicht? Ist sie noch da?

Seit Mitte des Monats sind meine Eltern verschwunden.

Ich werde sie nie wieder sehen.

Mutterkreuz.

Bald.

November 1942

Dossier 144329 und Dossier 55195

Es wird ein guter, teurer Füllfederhalter sein, der auf den Karteikarten mit obigen Dossiernummern die Namen und die Anschrift meiner Eltern erfasst.

Windmüller, Salomon
Oosterhamryklaan 4 Groningen
12.10.10

Windmüller-Kornblum, Ruth
Oosterhamryklaan 4 Groningen
9.5.07

Ein schönes Schriftbild, runde Buchstaben. Ein Datumstempel, 12 Nov 1942, eine Unterschrift.

Die Dossiernummern wurden vermutlich später eingefügt, ebenso die Auflistung der Angehörigen. Auf der Karte meines Vaters bin ich aufgeführt, bei meiner Mutter nicht.

Meine Eltern sind damit in Westerbork registriert, inhaftiert, sind damit Insassen eines Durchgangslagers. Durchgangslager heißt: Das ist nicht von Dauer. Ein Transitbereich nur.

Sie sollen ab heute von Transport zu Transport leben, von Zug zu Zug, bis sich auch für sie die Waggontüren schließen werden und ein rotes, quer über die Registrierungskarte hingeschriebenes, rasch hingeworfenes Datum ihre Abfahrt Richtung Auschwitz dokumentieren wird.

Ich bin nicht dabei. Ich bin nicht in dem Lager.

Sie müssen mich irgendwo untergebracht haben, als sie gerufen wurden, ihre Namen genannt wurden, sie die Aufforderung nach Westerbork bekamen.

Doch wo, bei wem bin ich? Haben sie jemanden gefunden? Hat sich jemand angeboten?

Wie schwer muss es ihnen gefallen sein, mich, einen Säugling, zurückzulassen?

Ein Kind zu verlassen, um es zu schützen, ist bedingungslose Elternliebe.

In meiner kleinen Sicherheitsecke vermisse ich meine Eltern.

Ich versuche, leise zu weinen, um ja niemanden in Verlegenheit zu bringen.

Dezember

Wenn ich es will, kann ich nach Gegenständen greifen. Das geht jetzt schon bewusst, da ist nichts mehr mit Greifreflex. Meine Hände tun, was ich möchte, und so greife ich, was denn so in der Nähe ist und was ich greifen möchte. Und ich möchte nach meiner Mutter greifen und strecke meine Hände aus.

Ich greife ins Leere.

Und doch ist da jemand.

Jemand kümmert sich um mich.

Dezember 1942

Züge

Zugschild Westerbork–Auschwitz | Auschwitz–Westerbork

WESTERBORK – AUSCHWITZ

AUSCHWITZ – WESTERBORK

steht auf dem Zug, dann folgen zwei Anweisungen:

KEINE WAGEN ANHÄNGEN steht da in großen roten Lettern, fett und unterstrichen, und:

ZUG MUSS GESCHLOSSEN NACH WESTERBORK ZURÜCK

Keine Satzzeichen. Die Sätze enden nicht plötzlich, sondern verdampfen, hauchen sich aus.

Die Züge fahren anfangs zweimal pro Woche, montags und freitags. Volle Züge fahren ab, leere kommen zurück.

Auschwitz – Westerbork, eine Drohung: Er wird zurückkommen, der Zug, und die nächsten abholen. Handverlesen die Häftlinge, die zum Einsteigen und Abfahren ausgewählt werden, offizielle Aufgabe des Lagerkommandanten, der diese

Aufgabe gerne delegiert an jüdische Mitarbeiter der Lagerverwaltung. Eine kleine große Grausamkeit in der großen großen Grausamkeit. Wer bietet mehr? Was für eine Macht über Menschen, was für ein grausames Spiel mit dem Gewissen und dem Leben. Ein kleines Kammerspiel für den Kommandanten, »Das grausame Dilemma«, zur Erheiterung, für ein wenig makaberes Vergnügen in dem Lageralltag.

Ordentliche Beschriftung scheint das A und O zu sein. Da ist nichts dem Zufall überlassen, da kann die Revision, da kann Eichmann kommen und nachsehen: Die Bücher sind ordentlich geführt, die Züge ordentlich markiert. Eine genaue, exakte Planung und Dokumentation einer Vernichtung, da gibt es kaum mehr den Zufall, das Glück, eine Nische unter einem Eselsohr, um davonzukommen, unbemerkt.

Zufrieden ist Eichmann, Leiter des Referats IV B4 des Reichssicherheitshauptamtes in Berlin, seine Aufgabe der Deportation übererfüllend. Eichmann gibt die Zahl vor, die Anzahl, mehr nicht, gibt vor, wie viele Juden zu liefern seien aus dem Lager Westerbork nach Auschwitz.

Diese Zahl geht an Sturmbannführer Zöpf, der wiederum fleißig mit dem Lagerkommandanten Gemmeker kommuniziert, per Telefon oder Fernschreiber, je nach Lust, Laune, Gefühl und Wellenschlag, und dann gibt Gemmeker das auch noch einmal weiter, damit Juden die Juden zum Abtransport auswählen können.

Wie schmutzig, wie unfassbar schmutzig, man sich doch die Hände machen kann, wenn man eine Zahl nennt und sie weitersagt, Eichmann, Zöpf und Gemmeker.

Die Nachricht des bevorstehenden Transports kommt erst kurz vor der Abfahrt bei den Betroffenen an.

Es vermindert, verhindert Aufstand und Unruhe, wenn zwischen der Information und der Abfahrt kaum Zeit ist und in dieser knappen Zeitspanne Lähmung und Angst und Fassungslosigkeit keine Zeit finden, in Wut und Rage umzuschlagen.

Geräuschlose Transporte.

Wo Westerbork – Auschwitz draufsteht, da geht es dann auch von Westerbork nach Auschwitz, und am 30.11., das ist das Datum auf der Karteikarte, quer rüber von links unten nach rechts oben, steigen auch meine Eltern ein, den gepackten Koffer in der Hand. Sie haben das dabei, mit dem sie nach Westerbork kamen. Der lange Zug wartet am Boulevard des Misères, der Hauptstraße des Lagers. Abschied von der Ungewissheit, von der unerträglichen Spannung, die über dem Lager liegt. Abschied von mir, endgültig besiegelt.

Wenn es zu viele sind, die Reise quasi überbucht, ist das noch kein hinreichender Grund für einen Rücktritt. Nein, hier kommt jeder mit, und wenn geschoben werden muss, bis alle drin sind und die Schiebetüren sich schließen lassen. Durchzählen, und die Zahl an der Außenseite des Waggons notieren, ohne Ordnung ist das ja alles nichts, denn es muss ja möglich sein, zu kontrollieren, ob noch alle da sind oder ob sich jemand aus dem Staub gemacht hat durch die winzigen vergitterten Fenster, die einzigen Öffnungen des Blechkastens.

Ein langgezogener Pfiff, bevor sich der Zug in Bewegung setzt, über Hooghalen, Assen, Hoogezand, Sappemeer, Zuidbroek, Winschoten und Nieuweschans.

Es ist nicht der einzige Zug mit diesem Ziel, mit dieser Endstation. Kopfbahnhof mit Rampe. Es tritt mit sofortiger Wirkung folgendes zügig umzusetzendes Gesetz in Kraft:

»Alle im Reich gelegenen Konzentrationslager sind judenfrei zu machen und sämtliche Juden sind nach Auschwitz und Lublin zu deportieren.«[3]

Dezentrale Durchgangslager zur zentralen Vernichtung.

Eine logistische Meisterleistung.

Wie viele Einfälle, wie viel Errungenschaft, wie viel Aufwand, welche Investition in den Tod.

Das alles hätte dem Leben dienen müssen.

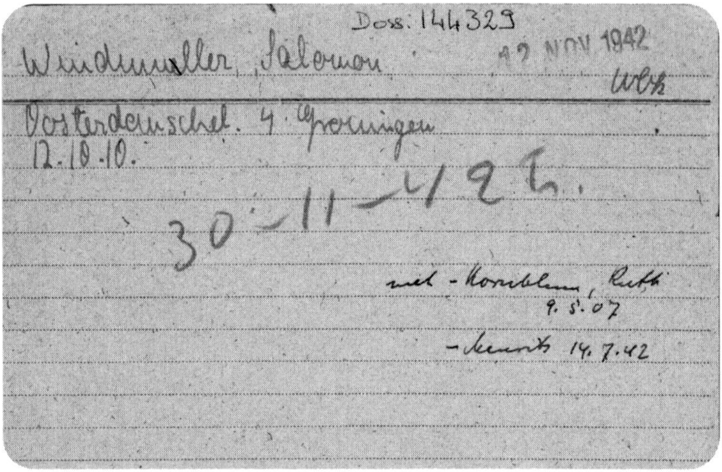

Dossier 144329, Internierung Westerbork, Windmüller, Salomon

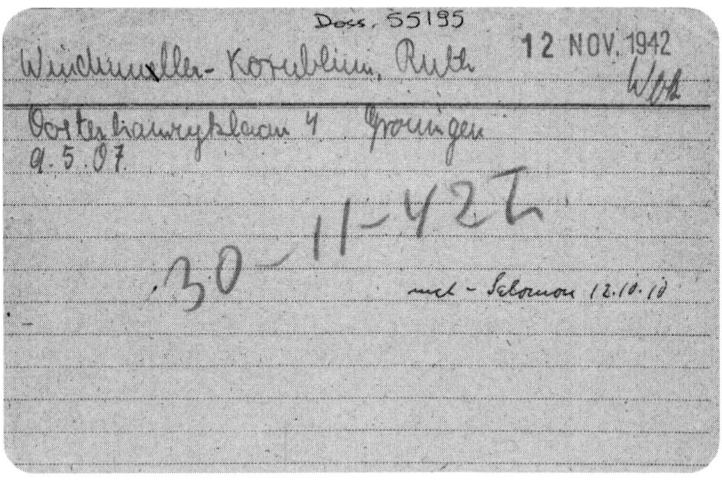

Dossier 55195, Internierung Westerbork, Windmüller-Kornblum, Ruth

Dezember 1942

Zertrennliche

Die »Chronologie des Holocaust« enthält für den 2.12.1942, Auschwitz, folgende Notiz:

»Aus Westerbork kommt ein Deportationszug mit 826 Menschen in Auschwitz an. Lediglich 77 Männer werden als Häftlinge übernommen, während die anderen Angekommenen direkt in die Gaskammern geschickt werden.«[4]

Zwei dieser 826 Menschen sind meine Eltern.

Am dritten Dezember werde ich Halbwaise. Spüre ich das? Gibt es eine Verbundenheit zwischen meiner Mutter und mir, die mich mit ihr fühlen lässt bis in die Gaskammer, die etwas in mir erstickt, während sie – innerlich, äußerlich – nach Luft ringt?

Ist es das, was meinen Blick so erwachsen macht, als wüsste ich alles und hätte jedes Leid gesehen? Schaue ich seit diesem Tag so in die Welt, als hätte es Liebe und Hoffnung nie gegeben?

Meine Großmutter folgt ihr am 15.12. in den Tod.

Ich verliere sie jetzt endgültig und unwiederbringlich, die beiden Frauen in meinem Leben, verliere ihre Güte und ihre Bedingungslosigkeit. Ich verliere den Halt.

Mein Vater ist einer der 77 Häftlinge.

Ich bin immer noch irgendwo.

Und das ist kein schlechtes Irgendwo, kann kein schlechtes Irgendwo sein, denn ich lebe noch, ich bin noch da, und körperlich immerhin scheint es mir an nichts zu fehlen.

Tattoos

Wer in Auschwitz nicht stante pede in die Gaskammer geschickt wird, wird als Häftling registriert. In anderen Lagern dient die Kleidung zur Anbringung der Häftlingsnummer, was zur Abgabe, Aufgabe des eigenen Namens, was zur Entmenschlichung schon vollkommen ausreicht.

Auschwitz kann immer eins böser, wenn es darauf ankommt. Wenn man das Böse steigern will und einen Wettbewerb auslobt, wird Auschwitz immer vorne liegen.

Seit 1942 werden jüdische Häftlinge im Lager tätowiert, systematisch dann ab Februar 1943.

Zu Beginn ist der Ort für das Tattoo die linke Seite der Brust, später dann der linke Unterarm, hier im Normalfall die Außenseite.

Zur Tätowierung wird ein mit Nadeln versehener Metallstempel benutzt. Nadeln, die im Negativ die Zahlen anzeigen, die bald in der Haut des Häftlings für immer (für immer? Was heißt für immer?) sichtbar sein werden.

Ein Metallstempel mit Nadeln. Den muss jemand hergestellt haben. Das ist ein Geschäft. Da macht jemand Umsatz und Gewinn.

Der Metallstempel wird in die Haut gepresst.

In die schmerzende Wunde wird die Tinte gerieben, und schon ist die Tätowierung fertig, schon steht da eine Nummer auf der Brust, auf dem Arm, ist dem Häftling eindeutig zuzuordnen, ist unverwechselbar in ihrer Einzigartigkeit – und raubt doch zugleich und trotzdem oder gerade deswegen jede Individualität, bringt das Ich zum Erlöschen.

Die Nadeln des Stempels durchstoßen beim Tätowieren die Epidermis, die Oberhaut, und dringen in die Dermis, die darunter liegende Lederhaut. Wird zu tief gestochen, so dringen Farbpigmente unter die Haut. Die Linien des Tattoos sind dann nicht mehr scharf abgegrenzt, wirken verschwommen.

Ich betrachte mir die Bilder der Tätowierungen von Lagerüberlebenden: Das Schriftbild ist nicht klar, es franst zu den Seiten aus.

Sie müssen tief, rücksichtslos tief, erbarmungslos tief gestochen haben, dort in Auschwitz.

Ob mein Vater tätowiert wurde, entzieht sich meiner Kenntnis. Ich habe lange nach Dokumenten gesucht, nach Hinweisen auf ein Ja oder Nein. Ich möchte gerne wissen, was sich zutrug, was er durchmachte, aber ich finde dazu nichts.

Die letzte im KZ Auschwitz tätowierte Nummer ist 202499.

Januar

Meine Nackenmuskulatur hat sich gut entwickelt, ich kann jetzt meinen Kopf gerade halten und nach vorne gucken.

Will ich das überhaupt?

Wenn ich auf dem Bauch liege, kann ich mich auf meinen Armen aufstützen.

Es gelingt mir schon gut, mich vom Bauch auf den Rücken zu drehen.

Und wieder zurück.

Außerdem kann ich Gegenstände von einer Hand in die andere legen.

Und wieder zurück.

Innenwelt: Kleine Perspektivwechsel.

Außenwelt: Keine Richtungsänderung.

Besser wäre andersrum.

Kontoführung

Es ist eine Dienstreise nach Belgrad gewesen, und sie liegt schon einiges zurück, aber Reisekostenabrechnung ist Reisekostenabrechnung, und die Buchhaltung muss stimmen, und so macht sich Franz Rademacher, Leiter des Judenreferats beim Auswärtigen Amt, an das lästige Ausfüllen des Formulars.

Der Grund der Dienstreise ist anzugeben, Rademacher hält kurz inne (hält er kurz inne?), sucht die passende Formulierung.

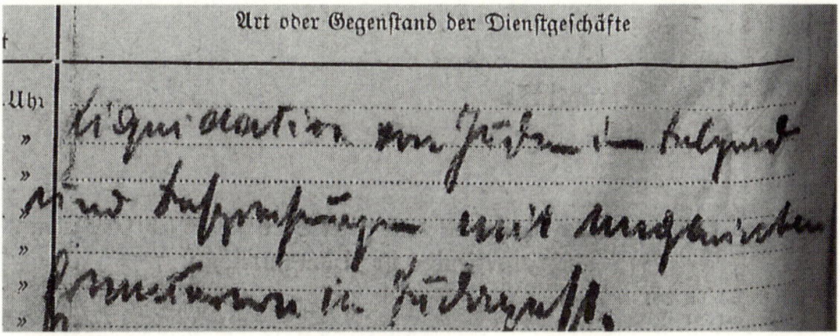
Art oder Gegenstand der Dienstgeschäfte

Franz Rademacher, Ausschnitt der Reisekostenabrechnung

»Liquidation von Juden« steht da jetzt, in nicht sehr sauberer, abfallender Schrift, die Linien nicht einhaltend. Er hält sich nicht lange damit auf, bürokratische Notwendigkeit halt.

*****

Es ist nicht nur Wissen *um*, es ist tatkräftige Unterstützung *bei*. Das Auswärtige Amt in Berlin wirkt tatkräftig mit bei der Verfolgung und Vernichtung der europäischen Juden. Es arbeitet mit kühler Genauigkeit und ausreichend Formularen, dem administrativen und systematischen Gefühlsfilter.

Es gibt Vertreter in den besetzten Gebieten, einen besonders tüchtigen in den Niederlanden: Otto Bene, Seiteneinsteiger, eifrig, ausgestattet mit vorauseilendem Gehorsam und Enthusiasmus.

Ordentlich, zeitnah und ausreichend ausführlich gibt er die notwendigen Informationen an das Auswärtige Amt in Berlin weiter, und in seinem Elan gibt er dabei noch manches Ziel, messbar in zeitlicher und quantitativer Dimension, mit auf den Weg. Auch seine Einschätzung zur Lage gibt er weiter, schaut vermeintlich in Herz und Seele der Niederländer und verfasst am 15. Januar 1943 die Nachricht:

»Bisher sind ca. 60.000 Juden abtransportiert, und der Rest von ca. 70.000 soll bis April/Mai abtransportiert werden. Die Juden hatten zunächst das Mitleid auf ihrer Seite, und der Klerus meinte auch hier hetzen zu müssen. Inzwischen hat das Volk sich aber an den Abtransport der Juden gewöhnt, und im Grunde genommen ist man auch froh, die Juden los zu werden. Die Juden waren zwar in den Niederlanden nie so stark in Erscheinung getreten wie in Deutschland und deshalb kann man auch nicht das gleiche Verständnis erwarten. Durch die Einführung des Judensternes wurde den Niederländern aber deutlich, wieviele Juden unter ihnen lebten und wer überraschenderweise auf einmal Jude war.«[5]

*****

Statistiker ist Richard Korherr, ein Zahlenmensch, sozial zurückhaltend, wenig gesellig, mit Daten und Fakten jedoch sehr präzise.

Er stellt eine Bilanz auf, eine stille wissenschaftliche Tätigkeit ist das für ihn, und er bettelt fast darum, sich mit seinen Fähigkeiten einbringen zu können.

Nüchtern erläutert er, wie schwierig sich doch die Bilanzierung des Judentums in Deutschland gestaltet, und legt dann mathematisch korrekt, die Zahlenkolonnen sauber, Einer unter Einer, Tausender unter Tausender, dar, wie viele Juden (noch) und wo leben. Geordnet nach Gebieten, soll man nichts durcheinanderbringen, da ist das Altreich aufgeführt, dort die Ostmark, da das Protektorat und dort andere Länder.

Jeweils eine Ausgangszahl, der Beginn der Berechnung, von der dann Sterbeüberschuss, Auswanderungsüberschuss und Abwanderung in Abzug gebracht werden. In nüchterner, unkommentierter Aufzeichnung, wie es sich für einen NS-Mathematiker gehört, dann die Anzahl der Juden, die eine Sonderbehandlung erhalten haben. Sonderbehandlung, Synonym für Tötung, gefiel Himmler nicht. Durchschleusen war das Wort der Wahl.

Seite 9 des Korherr-Berichts:[6]

Es wurden durchgeschleust durch die Lager
im Generalgouvernement

1 274 166 Juden

durch die Lager im Warthegau

145 301 Juden

*****

Bereits seit 1941 dürfen Juden in den Niederlanden nur noch bei der Liro-Bank in Amsterdam ein Bankkonto eröffnen, und alle Beträge über 1.000 Gulden sind dort einzuzahlen; 1942 müssen sie ihre Wertsachen und ihren Schmuck abliefern, ihre Aktien werden an der Börse veräußert.

Seit dem ersten Januar 1943 ist Juden in den Niederlanden das Führen eines privaten Bankkontos gänzlich untersagt.

Im Laufe des Jahres 1943 kündigt die Liro-Bank die Lebensversicherungen von Juden und behält die Guthaben ein.

Einnahmen, gestohlene Einnahmen, mit festem Verwendungszweck: Damit wird das Lager Westerbork erweitert, ist ja dringend geboten, und auf der anderen Seite werden damit die Deportationen bezahlt, damit das Lager nicht noch größer werden muss.

Die Fahrt in den eigenen Tod: vorausgezahlt, raubfinanziert.

Februar

Ich kann jetzt kreischen und brabbeln und versuche meine ersten Krabbler. Ich spiegle die Mimik meiner Bezugspersonen und verziehe das Gesicht, wenn ich Angst habe.

Das mit der Mimik beherrsche ich nahezu perfekt.

Februar 1943

Amalgam

Zwischen dem Wintergewitter in Stalingrad und der Rede im Sportpalast liegen gerade mal einige Wochen.

Die Niederlage in Stalingrad, die erste militärische Kapitulation: Ein Hauch von Wendepunkt liegt über dem Januar – und geht im totalen Getrampel und Gebrüll unter.

Ein leichtes Spiel für Goebbels: ausgesuchte Spielstätte mit Tradition, handverlesen das Publikum, beste Auswahl. Wer am besten klatschen, ja schreien und total sagen kann, ist willkommen.

Das hier ist keine Verführung, da tritt nicht der große Séducteur auf. Kein Hütchenspielertrick, und damit auch keine Ausrede für das Publikum, man hätte nicht kapiert, was gesagt wird, was gemeint ist.

Das hier ist tausendfache Akklamation für den totalen Krieg und die totale Vernichtung, und die nächste Stufe ist gezündet. Gezündet von einem Mann, der von dem jüdischen Professor Freiherr von Waldberg promoviert wurde.

Er hätte den Titel zurückgeben können. Da hätte eine Entscheidung hergemusst, ist doch der jüdische Betreuer im verliehenen Titel enthalten und damit in jeder Unterschrift, die Goebbels macht, prinzipiell: Dr. Goebbels.

Als Dr. Goebbels also schleudert er der fanatischen Masse ein perfides Amalgam entgegen:

»Hinter den vorstürmenden (erregte Zwischenrufe, Juden raus ...), hinter den vorstürmenden Sowjetdivisionen sehen wir schon die jüdischen Liquidationskommandos, hinter diesen aber erhebt sich der Terror, das Gespenst des Millionenhungers und einer vollkommenen europäischen Anarchie. Hier erweist sich wiederum das internationale Judentum als das teuflische Ferment der Dekomposition, das eine geradezu zynische Genugtuung dabei empfindet, die Welt in ihre tiefste Unordnung zu stürzen und damit den Untergang jahrtausendealter Kulturen, an denen es niemals einen Anteil hatte, herbeizuführen. Wir haben niemals Angst vor den Juden gehabt und haben sie heute weniger denn je! (Heilrufe, starker Beifall)«.[7]

Von nun an gibt es kein Halten mehr.

Es ist nicht der Wendepunkt, den ich erwartet habe. Da ist kein Innehalten, kein Zurückfahren, sondern Aufrüstung. Hochschrauben, Eskalation.

Jetzt wird es total: Von nun an geht es unaufhaltsam weiter in die unvorstellbaren Abgründe des Bösen.

Ich lebe noch in den Niederlanden, in Groningen, und irgendjemand passt auf mich auf. Es muss so sein.

Es muss jemand sein mit einem großen Herzen und sehr viel Mut, denn wer mich versorgt, bringt sich selbst in Gefahr.

Das bin ich also: Ein gutes halbes Jahr nur alt und doch eine so große Gefahr für Dr. Goebbels und seine Gesinnungsgenossen, dass man mich vernichten muss.

Wo bin ich?

Was tue ich?

Und wer ist Leo Weersing?

März

Ich entwickle Objektpermanenz:

Ich weiß, Gegenstände oder Personen sind noch da, auch wenn ich sie nicht sehe.

Das klappt nicht immer.

Die wichtigsten Personen in meinem Leben sind weg und bleiben weg, auch wenn ich sie nicht sehe.

März 1943

Vollwaise

Waise: Im Niederländischen wees, von mittelhochdeutsch weise, althochdeutsch weiso: verlassen.

Salomon Windmüller, geboren am 12. Oktober 1910 in Emden und seit 118 Tagen Witwer, stirbt am 31. März 1943 in Auschwitz an Entkräftung.

Das kann man so schreiben, Entkräftung, mir klingt das aber irgendwie zu harmlos. Es klingt harmloser, als es ist. Es klingt ein wenig, als hätte mein Vater einfach keine Kraft mehr, als wäre er zu schwach für die Arbeit im Lager, vielleicht zu feingliedrige Hände, ein zu musisches Gemüt.

Man sollte es so benennen, wie es sich medizinisch gehört:

Mein Vater stirbt im Lager an Marasmus, einer starken Auszehrung von Körperfett und Muskulatur. Er hat extremes Untergewicht, ist schwach und apathisch. Die Knochen des Brustkorbs treten hervor, überspannt nur von einer dünnsten Hautschicht, ausgemergelt ist das Wort für die Erscheinung, die einmal mein Vater war, die noch mein Vater ist, aber gespenstisch, nicht wiederzuerkennen, ein Knochengerüst. Ein hohlwangiger Greis mit nicht einmal 33 Jahren.

Ein Knochengerüst mit einem Spaten in der Hand, weitermachen, weiterarbeiten, obwohl Arbeit gar nicht frei macht.

Es stirbt sich nicht so schnell an Entkräftung. Das dauert. Da muss schon sehr lange die Versorgung mit Nahrung und Nährstoffen, das Verhältnis von Kalorienaufnahme und Kalorienverbrauch, nicht mehr passen, bis das Immunsystem seine Arbeit einstellt, der Stoffwechsel kapituliert, das Gehirn in der dauerhaften Unterversorgung die Wirklichkeit verkennt und Halluzinationen evoziert, das Herz den Rhythmus nicht mehr halten kann, sich elektromechanisch entkoppelt – und damit der Tod eintritt.

Sein Tod macht mich zur Vollwaise.

Ungefähr zur gleichen Zeit werden in Auschwitz vier vergrößerte und *verbesserte* Gaskammern fertiggestellt.

April

Ich kann jetzt Doppellaute bilden: lala, dada.

Mama. Papa.

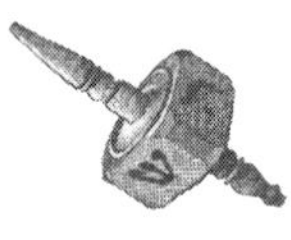

April 1943

Backsteine

Es gibt endlich einen Hinweis auf meinen Aufenthaltsort. Es tauchen Fotos auf, Fotos aus dem Frühjahr dieses Jahres. Ich bin auf diesen Fotos, vor allem ich, und es ist eine Fotoserie wie zu einer Bewerbung um ein Casting.

Ich liege auf dem Bett, ich sitze auf dem Bett, ich liege im Kinderwagen, ich bin auf dem Arm eines Mannes, ich bin auf dem Arm einer Frau.

Ich betrachte die Bilder genauer. Skeptisch sehe ich aus, im besten Fall, tief traurig in den anderen Fällen, die nicht die besten sind.

Sie sehen nett aus, der Mann und die Frau. Sie halten mich, Eltern gleich, an Eltern statt, scheinen stolz zu sein auf diesen weinerlichen Wonneproppen.

Sie sind gut angezogen, der Mann im Anzug mit Krawatte, drei Knöpfe am Ärmelaufschlag, und meine kleinen Finger im Gesicht des Mannes auf dem einen Bild und auf dem anderen ohne Finger, dafür aber mit einem Strahlen im Gesicht des Mannes, und ich denke: Das ist Leo. Das muss er sein.

Leo Weersing.

Ich habe ihn gefunden.

Erleichtert lehne ich mich zurück und atme auf.

Dann auf den Fotos eine Frau, Ehefrau von Leo wahrscheinlich, im gestreiften Rock, knielang und leicht ausgestellt, nackte Beine und dann weißbesockte Füße in Lederschuhen, das Oberteil kurzärmlig, das Haar in Wellen gelegt. Sie ist häufiger auf den Fotos zu sehen als der Mann, der Mann also zumeist hinter der Kamera, väterlich das kleine Glück dokumentierend, das – es weiß noch keiner von uns – alsbald in tausend Scherben liegen wird.

Glück und Glas …

Den Hintergrund bildet ein Backsteinhaus, die Steine sicher schon leicht aufgewärmt, denn kalt scheint es nicht mehr zu sein, die Sonne fällt auf die Szenerie und die Fotostrecke. Backsteine und weiße Vorhänge, ein kleines Vorstadtleben, das ist meine Zukunft, und sie ist zum Greifen nah.

Ich werde geliebt, bedingungslos. Kein Kind des eigenen Blutes, doch eins des Herzens. Ein Kind, das Gefahr bedeutet, Lebensgefahr, für die, die mich bei sich aufnehmen, mich waschen, pflegen, anziehen, füttern. Lieben.

Nicht weil, sondern trotzdem geliebt zu werden: Kann ein Mensch sich mehr wünschen?

Ich sehe noch einmal genau auf das Foto, meine Nase berührt fast das Papier, um alles genau zu betrachten. Ich überprüfe den Sonnenstand, überprüfe die Kleidung der Menschen, überprüfe meine Kleidung: Nackte Beinchen, keine Mütze auf dem Kopf.

Die Sonne kann schon was.

Ich rechne nach.

Mitte April wird das sein, schätze ich, nicht viel früher und nicht viel später, denn ein viel später gibt es für mich nicht in dem Eckhaus im Coendersweg 51.

Ich schaue vorsichtshalber in die Wetteraufzeichnungen, gehe mit dem Finger die Zeilen entlang, überspringe den kalten Februar und auch die immer noch kühlen Märztage, komme in den April.

Ein paar brauchbare Tage mit ein bisschen Wärme in der ersten Aprilhälfte, aber dann, und mein Herz setzt einen Schlag aus:

Drei Tage mit Temperaturen über 20 Grad Celsius: der 16. April, der 22. April, der 23. April.

Einer davon, ich bin mir sicher, ist der Tag der Fotostrecke.

Ende April werde ich in Westerbork sein.

Ich überlege, kombiniere, gehe der Spur nach; seit November bin ich hier in Sicherheit, dann wird ein Film belichtet, ins Labor gegeben, entwickelt, abgezogen, abgeholt, vielleicht stolz gezeigt.

Ich wittere den Verrat, schmecke seine Bitterkeit. *Denunziantentum!*, will ich anklagend rufen, *ich bin doch ein kleines Kind, was habe ich dir, euch, getan?*

Doch wen anschreien?

Eine Nachbarin?

Einen Fotolaboranten?

Eine Wichtigtuerin, die zufällig im Labor vorbeikommt und nun etwas Großartiges weiß, was sie dringend weitererzählen muss?

Einen missgünstigen Mathematiker, der zu meinem geschätzten Alter neun bis zehn Monate hinzurechnet und sich vergeblich umsieht in seiner Erinnerung nach einer rundlicher werdenden Frau Weersing in dieser Zeit?

Ich weiß es nicht.

Vielleicht liege ich ja auch falsch, vielleicht war das nur ein Zufall und hat mit den Fotos und ihrer Entstehung gar nichts zu tun.

Glaube ich aber nicht.

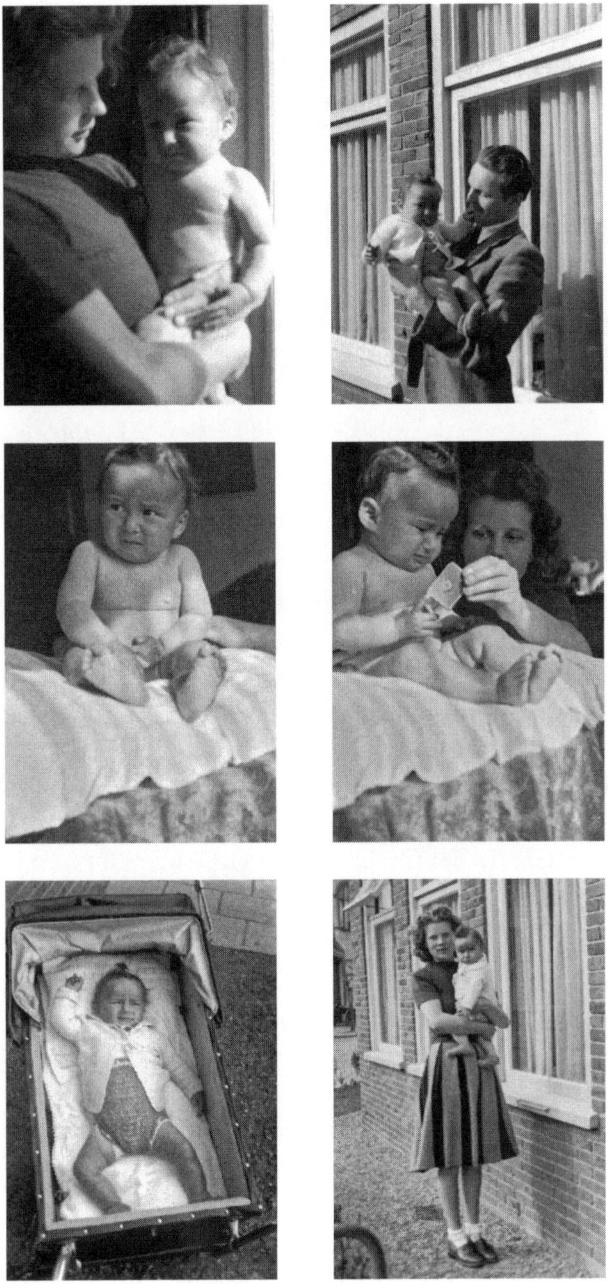

Maurice mit Leo Weersing und dessen Partnerin

Karteikarte 52073

Es bleibt wenig von uns übrig. Was bleibt, sind vor allem Papiere, Karteikarten mit unseren Namen und Daten.

Ich habe nichts erschaffen in meinem Leben. Ich komme nicht dazu, in Kindergarten und Grundschule zum Muttertag zu basteln und zu malen. Es bleibt nicht ein Strohstern, keine Gedichtzeile, kein krakeliges Bild, keine ersten Schreibfehler.

Was da ist, wurde *über* mich geschrieben. Die Karteikarte liegt mir vor. Liniert ist sie, und viel Mühe wurde nicht aufgewandt, sie auszufüllen.

Mein Name steht da, als Maurits Windmüller, links in der Ecke, es ist halt niemand da, der mir beim Buchstabieren behilflich sein kann, mein Geburtsdatum und Geburtsort darunter, Groningen mit schnellem Stift unterstrichen, aufsteigend. Der Stift scheint am Anfang nicht richtig schreiben zu wollen, kommt dann in Fahrt, und wo der Ausfüllende schon einmal am Schreiben ist, nimmt er den Schwung noch mit für diese Unterstreichung des Ortes, die keinen Sinn ergibt und keinen Nutzen hat. Ein Ausdruck von Überschwang und Lebendigkeit auf einem todbringenden Papier.

Wir schreiben den 29. April 1943. Zu diesem Zeitpunkt bin ich bereits Vollwaise, was ich mehr als ahne, was ich bis zur Gewissheit fühle. Diese gefühlte Gewissheit findet ihren Ausdruck in den Fotos, den wenigen, die es von mir gibt, ein kleiner Junge mit Augen wie dunkler Sirup, Augen zumeist voller Angst und Schrecken, ja es sieht nach mehr aus als nur einer

Ahnung, es sind wissende Augen, es gibt da wenig Hoffnung in diesem Blick.

Das Datum also, oben rechts wie es sich gehört, Ordnung muss sein, andere Schrift, anderer Schreibender, und dann die Namen meiner Mutter, meiner Großmutter und meines Vaters, aufgezählt mit Spiegelstrichen und mit Geburtsdatum. Der Ausschnitt eines Stammbaums auf dieser Karte, eine Bestätigung der Familienbande, die bereits endgültig zerschlagen sind.

Meine Karteikarte trägt die Nummer 52073.

Mai

Kinder in meinem Alter sind Entdecker.

Das kann ich bestätigen.

Ich kann mich mittlerweile selber hochziehen an einem Stuhl oder an was auch immer die richtige Größe zum Hochziehen mitbringt.

Ich entdecke Licht, das durch das Fenster fällt.

Ich entdecke meine Bettdecke beim Einschlafen und beim Aufwachen, fühle den Stoff zwischen meinen Fingern, stecke meine Nase in das Kissen, höre den Stoff leise knistern.

Ich entdecke mit allen Sinnen.

Sogar dann, wenn ich versuche wegzusehen, wegzuhören, wegzusinnen, weil ich ankommende und verschwindende Kinder, ankommende und abfahrende Züge nur schwer ertrage, sogar dann entdecke ich, weil man Ohren nicht wie Augen verschließen kann, und die Nase auch nicht.

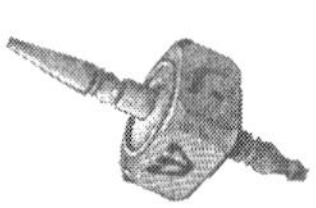

Mai 1943

Zwischenlagerung

Am 16. Mai 1943 wird der Aufstand im Warschauer Ghetto für beendet erklärt.

Fast zweieinhalb Wochen ist an diesem Tag *meine* Kapitulation her, ist es her, dass mein Widerstand gebrochen wurde, dass ich mich nicht mehr dagegenstemmen konnte, entrissen und abgeholt zu werden.

Ich befinde mich in Baracke 35 im Lager Westerbork, das ist die Baracke für die Waisenkinder, und solch eines bin ich ja. Gefühlt bin ich sogar schon doppelt Waise, doppelt belichtet, doppelt verloren.

Mit dem Bau dieses Lagers, mit dem Zimmern dieser Baracken, in denen ich jetzt leben werde für die nächsten rund zehn Monate, wird 1939 begonnen.

Es fliehen Menschen zu Zehntausenden, sie kommen aus Deutschland und aus Österreich, viele reisen weiter, ziehen weiter, aber für die, die bleiben, braucht es eine Unterkunft: ein Centraal Vluchtelingenkamp, ein Zentrales Flüchtlingslager.

Eine Integration der Flüchtlinge ist nicht vorgesehen, sind doch Flüchtlinge seit 1938 für die Niederlande unerwünschte Ausländer und zentrales Auffangen die Wahl der Stunde, um die Freundschaft zu Deutschland ja nicht zu gefährden.

Ursprünglich ist die Errichtung des Lagers bei Elspeet geplant, aber Königin Wilhelmine hält den Abstand von nur zwölf Kilometern zu ihrem Sommerpalast Het Loo für zu gering.

Dieses »Ja, aber bitte nicht vor meiner Haustür« ist bei der Standortsuche obere Handlungsmaxime.

Schließlich wählt man das Amerveld op der Drentsche Heide bei Hooghalen, sieben Kilometer nördlich des Dorfes Westerbork. Irgendeine Gegend muss man halt in Verruf bringen (und dauerhaft und für die Zukunft stigmatisieren), und ein abgelegener Ort im Moor ist dafür perfekt geeignet.

Es steht die Frage der Kostenübernahme im Raum, aber nur kurz, denn die Antwort liegt für die Regierung auf der Hand: Niederländische Juden zahlen die Errichtung des Lagers.

Eine kleine Stadt soll es werden, autark soll es sein, Vorbildfunktion soll es haben, dieses Lager.

Arbeitslose bauen ab Sommer 1939 die Baracken, eine Arbeitsbeschaffungsmaßnahme der niederländischen Regierung, und bald schon kommen die ersten Gäste, die gar keine sein wollten: Passagiere des Schiffs Sankt Louis, das weder in Kuba noch in Kanada noch in den USA anlegen durfte. Sie helfen mit, das Lager fertigzustellen.

Im Mai 1940 überfällt Deutschland die Niederlande. Der Versuch, die Bewohner des Lagers zur Flucht nach Großbritannien an die Häfen zu bringen, scheitert.

Sie kehren zurück – und sitzen in der Falle.

Das Lager wird weiter genutzt; wer als Flüchtling in die Niederlande kommt, kommt hierher in Haft.

Bis zum 30. Juni 1942 segelt das Lager noch unter holländischer Flagge; am 1. Juli wird umgeflaggt. Das Lager steht jetzt unter deutscher Verwaltung und damit Kontrolle der SS, und das heißt auch: Stacheldraht, Umbenennung in »Polizeiliches Judendurchgangslager Kamp Westerbork«, Beginn der Weitertransporte in die Vernichtungslager Auschwitz und Bergen-Belsen.

Spätestens jetzt wohnt die Angst mit im Lager, die echte Angst, die an Knochen nagt. Die Todesangst, sie wohnt seitdem in einer der Baracken und geht um und tippt mal dem einen und mal dem anderen auf die Schulter, sodass derjenige meint, seinen Namen zu hören oder ihn tatsächlich hört.

Bereits am 15. Juli kommen Deportationen aus den gesamten Niederlanden in das Lager, in dem ich mich jetzt befinde, in einer Reihe, mittendrin, Hand in Hand mit denen, die vor mir da waren und denen, die nach mir kommen werden.

Juni

Einen Becher halte ich mit beiden Händen und führe ihn zum Mund. Ich kann alleine trinken.

Wenn ich aufrecht stehe, was ich mittlerweile hinbekomme, kann ich seitwärts bereits ein paar Schritte gehen.

Kleine, wacklige Schritte sind es noch.

Zum Weglaufen reicht es nicht.

Juni 1943

Praktisch grätenfrei

Es ist so etwas wie Kehrwoche in Amsterdam, nur dass nicht Staub und Schmutz zusammengefegt werden, sondern Menschen, und dass die Aktion rund ein Vierteljahr dauert.

Nach dem Kehrquartal leben kaum noch Juden in Amsterdam.

Es beginnt am Sonntag, 20. Juni 1943, mit einer Großrazzia in Amsterdam.

So eine großangelegte Aktion will gründlich vorbereitet sein, und sie ist gründlich vorbereitet. Durchorganisiert, da ist kein Platz und keine Notwendigkeit für Improvisationen.

Die deutsche und die niederländische Polizei riegeln die Wohnviertel in Ost- und in Südamsterdam ab. Es sind diese Viertel, in denen die Mehrzahl der Jüdinnen und Juden lebt, zwangsweise nach Umsiedlungen bereits im Mai 1942, hergebracht – Einverständnis ist nicht Voraussetzung! – aus dem Umland von Amsterdam und den ländlichen Gebieten.

Ab morgens dann, halb vier, Wagen, groß und dunkel wie die Nacht, beängstigend in Aussehen und Zahl, mit Lautsprecheranlagen und dem Befehl, sich an benannten Sammelplätzen einzufinden. Gründlich gewählte und scheinbar harmlos markierte Plätze auf dem Weg, der wahrscheinlich auf einer Rampe enden wird.

Wer nicht freiwillig kommt, der wird abgeholt in der Wohnung, auch mit Gewalt, wenn unwillig, den Weg macht man sich, wenn es sein muss.

Es werden rund 5.500 Menschen verhaftet in dieser Nacht und am folgenden Tag.

Es folgen noch Razzien im August und im September, bis die Zahl der Festnahmen und Überstellungen nach Westerbork fünfstellig ist.

Amsterdam ist jetzt praktisch judenfrei. Praktisch judenfrei, das klingt so wie die Aufschrift auf dem Fischfilet: praktisch grätenfrei.

Müssten eigentlich alle weg sein, wenn sich hier und da doch noch eine findet, die sich versteckt hat, bitten wir, das Versehen zu entschuldigen.

Juli II

Mein Geburtsgewicht sollte sich jetzt, um meinen ersten Geburtstag herum, verdreifacht haben.

Eigentlich müsste es Geschenke geben in diesem Monat, einen Kuchen, gerne trocken und unglasiert, Hauptsache Kuchen, und eine einzige, einsame Kerze zum Auspusten.

Meine Hände werden geschickter. Ich kann jetzt erbsengroße Dinge anheben und komme aus dem Stand zurück ins Sitzen.

Bringt mir alles nicht viel.

Und meinen Geburtstag vergesse ich vorsichtshalber.

Reiner Selbstschutz.

Das denkende Herz in der Baracke

Ich weiß nicht genau, ob und wann ich Etty im Lager begegne, aber es muss so sein, denn sie berührt mich bis heute, es muss eine Verbindung geben.

Etty ist wohl das, was man einen guten Menschen nennt, einen herzensguten Menschen.

Etty Hillesum, so heißt sie mit vollem Namen. Von August 1942 bis September 1943 arbeitet sie im Lager Westerbork für den »Jüdischen Rat«.

Aber eigentlich ist Etty eine Schmugglerin: Sie schmuggelt Briefe *aus* dem und Medikamente *in* das Lager.

Und sie schreibt Tagebuch.

Ich habe eine Schwäche für schreibende Schmugglerinnen, das gebe ich offen zu.

Insbesondere dann, wenn sie so herzergreifend schreiben wie Etty.

Am 3. Juli 1943 schreibt sie:

»Jedem weiteren Verbrechen, jeder weiteren Grausamkeit müssen wir ein weiteres Stückchen Liebe und Güte gegenüberstellen, das wir in uns selbst erobern müssen. Wir dürfen zwar leiden, aber wir dürfen nicht darunter zerbrechen.«[8]

Ich lasse die Worte in mir, auf mich wirken, versuche, ihrem Rat, ihrer Aufforderung gleichsam, Folge zu leisten.

Es fällt mir schwer, aber dennoch: Ich zerbreche nicht.

»Ich möchte das denkende Herz eines ganzen Konzentrationslagers sein. Ein Herz, das andere stützt und trägt und starkmacht.«[9]

Sie kommt dem nach, mit Taten, tatkräftig, lässt Worten Taten folgen und Taten Worte.

Worte und Taten Hand in Hand.

Auch hier in Westerbork.

Ihr Zug fährt im September nach Auschwitz.

Ihr Tod ist dokumentiert für den 30. November.

Wieder ein denkendes Herz weniger.

August II

Konjunktiv:

Wenn ich eine hätte und nicht gerade Sommer wäre, könnte ich schon eine Mütze an- und ausziehen, und einen Schal auch.

Feststellung:

Mit den ersten freien Schritten tue ich mich noch schwer.

Konjunktiv:

Ich bräuchte jemanden, der mit mir übt.

Feststellung:

Ich bin kein guter Autodidakt.

August 1943

Ein Streichholz, flackernd in der Nacht

Es gibt sie noch, die Hoffnung und das Gute.

Es gibt sie auch hier im Lager.

Im August flackert für mich ein kleines Hoffnungslicht. Ein Streichholz nur, gegen das Pechschwarz, aber was kann aus einem Flämmchen nicht alles werden, wenn man es lässt.

Dossier 144330.

Eine Karteikarte wieder, im Querverweis auf meine Registrierung trägt sie ein gestempeltes 52073.

Clara Asscher-Pinkhof.

Mein Hoffnungsschimmer.

Mein letzter, wie sich herausstellen wird.

Ich sehe mir Fotos der Frau an, die sich als meine Pflegemutter anbietet.

Ich sehe eine junge Frau und ihre ältere Ausgabe. Gerade blicken sie in die Kamera, die mit den dunklen Haaren und die mit den schlohweißen, und ich sehe eine Frau, die anpackt, die macht, die machen und bewegen will, die sieht und gesehen hat. Keine Schwätzerin, uneitel, sich bewusst des Wertes von Leben, des Wertes jeden einzelnen Lebens.

Sie will mich mitnehmen, es gibt Bemühungen, wiederholte Bemühungen, über die Palästina-Liste einen geschützteren Status für mich zu bekommen und mit mir ausreisen zu dürfen.

Ja, ich wäre mit ihr gegangen, hätte mit ihr das Gelobte Land erreicht, mit ihr gelebt, hätte an ihrem Bett gesessen, als es für sie ans Sterben ging 1984, im Alter von 88 Jahren.

Vielleicht hätte ich Mama zu ihr gesagt, und sie wäre meine Bezugsperson gewesen, hätte die Erinnerung an meine Familie, meine Mutter, meinen Vater, meine Großmutter, aufrechterhalten, hätte mich das Klavierspiel erlernen lassen, das Lesen, das Schreiben. Ich hätte neben ihr gesessen, still und leise, manches Mal, wenn sie schrieb. Hätte die Entstehung des Buches Sternkinder mitverfolgt, sie hätte mir berichtet, wie nah ich dran gewesen bin, aufgeführt und beschrieben zu werden in diesem Buch, das Erich Kästner mit einem Vorwort versehen hat.

Erich Kästner, dessen Bücher verbrannt wurden unter Nennung seines Namens, der der Bücherverbrennung 1933 beiwohnte, der sich umdrehte, als er erkannt wurde, und erhobenen Hauptes davonging. Der ehemals so lebensfrohe Erich Kästner, vielleicht wäre er mir ein Freund geworden, ein väterlicher Freund, und Clara und Erich hätten mich angesehen, über meinen Kopf gestreichelt, sich angesehen und sich gesagt, wie gut das ist und was für ein Wunder, dass ich überlebt habe.

Und ich hätte gelächelt, und meine Augen hätten mit jedem Mal etwas weniger traurig dreingeschaut.

Das Wunder bleibt aus. Wegen RK, so steht es geschrieben auf der Karte zu Dossier 144330.

RK, das Rode Kruis, muss die Zuschreibung des Kindes zur Pflegemutter bewilligen. Am 28.8. wird die Ablehnung verschriftlicht.

Warum?

RK ist ein Hoffnungszerstörer, ein Streichholzauspuster, ein Wunderkaputtmacher.

Es wird wieder dunkel.

Ich nehme mir Claras Buch noch einmal vor. Sternkinder. Ich bin ja auch eines. Ich lese. Ich lese von dem kleinen Mädchen, das die Mutter weggibt, weggeben muss, aus Mutterliebe, und das nicht weiß, dass es die Mutter nie mehr wiedersehen wird. Dass es mit der Tante ins Theater gehe, hat die Mutter gesagt. Beim nächsten Mal kommst du mit, sagt das Mädchen zum Abschied.

Ich denke an meine Mutter, meinen Vater, meine Großmutter.
Ich denke an uns.
Wie der wohl war, unser Abschied?

Clara Asscher-Pinkhof wird weitermachen in ihrem Bemühen, willensstark und herzensgut, und eine Kinderseele retten. Ein kleines Mädchen wird sie nach Palästina in Sicherheit bringen.

Diffus wetteifern in mir Traurigkeit und dankbare Ergriffenheit.

Ein Leben für ein Leben. Immerhin.

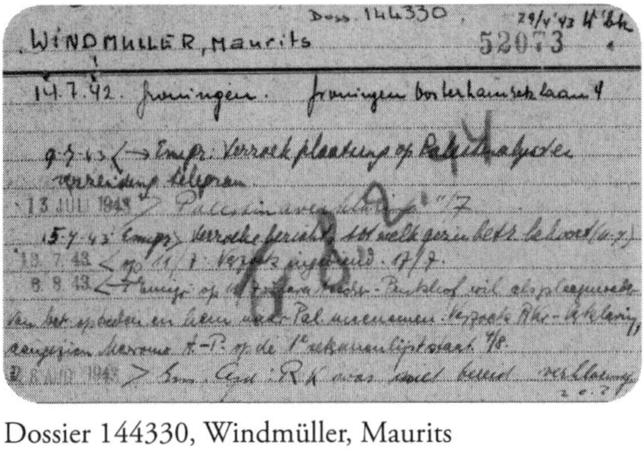
Doss. 144330
WINDMULLER, Maurits 52073
14.7.42

Dossier 144330, Windmüller, Maurits

September II

So langsam habe ich nach wiederholtem Üben den Bogen mit dem Laufen raus und mache kleine freie Schritte.

Es kostet noch viel Mühe. Immer wieder bleibe ich stehen, drehe mich um, überprüfe ich die zurückgelegte Strecke und muss befinden: Es reicht weiterhin nicht zum Weglaufen.

Bauklötze kann ich aufeinanderstapeln, oder könnte ich, ich weiß gar nicht mehr, ob ich Bauklötze hatte.

Den Löffel halte ich gut.

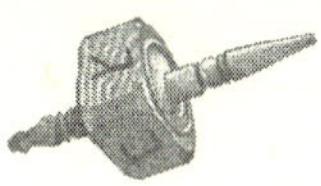

Die zynische Absurdität des Heilens

Fritz Spanier, promovierter Mediziner jüdischer Herkunft und 1938 mit Berufsverbot belegt, geht am 13. Mai 1939 mit seiner Familie an Bord der St. Louis, Passagierschiff der Hamburger Reederei HAPAG, mit Erste-Klasse-Tickets in der Hand und Hoffnung im Herzen.

937 Passagiere sind es, fast ausnahmslos deutsche Juden, und sie haben Touristenvisa für Kuba dabei und größtenteils gültige Papiere.

Kuba verweigert kurzfristig die Einreise, nachdem es zuvor die Visabestimmungen ändert und die Touristenvisa nicht mehr anerkennt.

Der Kapitän verhandelt, und 29 Menschen dürfen doch in Kuba von Bord.

Im Anschluss lehnen sowohl die USA als auch Kanada die Anlegeerlaubnis ab.

Mit 907 Passagieren erreicht die St. Louis schließlich Antwerpen – ein Passagier hat die Überfahrt nicht überlebt.

Von Antwerpen aus werden die Passagiere von Belgien, den Niederlanden, Frankreich und Großbritannien aufgenommen.

Die meisten von ihnen werden den Zweiten Weltkrieg nicht überleben.

Fritz Spanier und seine Familie sind zunächst in einem Flüchtlingslager in Amsterdam untergebracht. Im Februar 1940 werden sie in das Lager Westerbork verlegt. Fritz Spanier wird Chef des Krankenhauses auf dem Lagergelände, er bleibt es auch nach der Übernahme des Lagers durch die deutschen Besatzer, und er macht seine Sache ausgesprochen gut.

Er hat einen mächtigen Freund dort im Lager: den Lagerleiter Albert Konrad Gemmeker.

Das heißt: gutes Essen, gute Kleidung, und Schutz vor der Innenansicht sich schließender Waggontüren.

Bald führt Fritz Spanier ein Krankenhaus mit einer Versorgungskapazität von 1.500 Menschen.

Er verfügt über eine der besten Klinikausstattungen der Niederlande, hat mehrere hundert Pflegerinnen und Pfleger und rund einhundert jüdische Ärzte unter sich.

Sie heilen Krankheiten, stellen Gesundheit wieder her, immer im Rahmen ihrer Möglichkeiten, und die sind gegeben, denn viele der Ärzte dort gehören zu den besten des Landes. Ihre Patienten müssen in erster Linie eines wieder sein: transportfähig.

Transportfähig für die anstehende Deportation nach Auschwitz.

Die Entscheidung über die Transportfähigkeit obliegt Spanier; er ist derjenige, der den Daumen hebt oder senkt. Er kann Schutz bieten: hier und da eine falsche Diagnose, ein geändertes Geburtsdatum bei Schwangerschaften zur Verzögerung einer Deportation, einen Polioausbruch ein bisschen übertreiben, um eine Quarantäne für das Lager zu bewirken.

Hat er genug getan?

Hätte er mehr tun können in seiner Position?

Spanier bleibt auch nach dem Krieg als Arzt tätig.

Unter seinen Patienten sind überlebende Düsseldorfer Juden, ehemalige Angehörige der Wachmannschaft von Westerbork und auch der ehemalige Lagerleiter Gemmeker.

Oktober II

Mein Wortschatz wächst weiter.

Ich mache Ein-Wort-Sätze:

Hunger!

Angst!

Hilfe!

Bringt nicht viel.

Bringt gar nichts.

Welchen Sinn hat das Sprechen, ob jetzt Ein-Wort-, Zwei-Wort- oder Tausend-Wort-Sätze, wenn dem Satz keine Tat, keine Aktion, keine Veränderung folgt?

Für einen kurzen Moment überlege ich, das mit dem Sprechen zu lassen, verwerfe die Idee aber wieder.

Oktober 1943

Restbestände

Im Oktober 1943, ich bin 14 Monate alt, hält Heinrich Himmler, Reichsführer SS, Reichskommissar für die Festigung deutschen Volkstums, zwei Reden, die erste dreistündige vor SS-Offizieren, die zweite mit anderthalb Stunden Länge vor Reichs- und Gauleitern.

Der Mord an den Juden ist nicht zentrales Thema der Reden, doch kommt Himmler sehr schnell darauf zu sprechen – und nimmt kein Blatt vor den Mund. Da wird nichts umschrieben und nichts verschleiert.

Rede vom 4. Oktober (»Posener Rede«):

»Ich meine jetzt die Judenevakuierung, die Ausrottung des jüdischen Volkes. Es gehört zu den Dingen, die man leicht ausspricht. – ›Das jüdische Volk wird ausgerottet‹, sagt ein jeder Parteigenosse, ›ganz klar, steht in unserem Programm, Ausschaltung der Juden, Ausrottung, machen wir.‹ [...] Von allen, die so reden, hat keiner zugesehen, keiner hat es durchgestanden. Von Euch werden die meisten wissen, was es heißt, wenn 100 Leichen beisammen liegen, wenn 500 daliegen oder wenn 1.000 daliegen. Dies durchgehalten zu haben, und dabei – abgesehen von menschlichen Ausnahmeschwächen – anständig geblieben zu sein, das hat uns hart gemacht und ist ein niemals geschriebenes und niemals zu schreibendes Ruhmesblatt unserer Geschichte. Denn wir wissen, wie schwer wir uns täten, wenn wir heute noch in jeder Stadt – bei den Bombenangriffen, bei den Lasten und bei den Entbehrungen des Krieges – noch die Juden als Geheimsaboteure, Agitatoren und Hetzer hätten. Wir würden wahrscheinlich jetzt in das Stadium des Jahres 1916/17 gekommen sein, wenn die Juden noch im deutschen Volkskörper säßen.«[10]

Rede vom 6. Oktober:

»Ich bitte Sie, das, was ich Ihnen in diesem Kreise sage, wirklich nur zu hören und nie darüber zu sprechen. Es trat an uns die Frage heran: Wie ist es mit den Frauen und Kindern? – Ich habe mich entschlossen, auch hier eine ganz klare Lösung zu finden. Ich hielt mich nämlich nicht für berechtigt, die Männer auszurotten – sprich also, umzubringen oder umbringen zu lassen – und die Rächer in Gestalt der Kinder für unsere Söhne und Enkel groß werden zu lassen. Es mußte der schwere Entschluß gefaßt werden, dieses Volk von der Erde verschwinden zu lassen. Für die Organisation, die den Auftrag durchführen mußte, war es der schwerste, den wir bisher hatten. [...]

Ich habe mich für verpflichtet gehalten, zu Ihnen als den obersten Willensträgern, als den obersten Würdenträgern der Partei, dieses politischen Ordens, dieses politischen Instruments des Führers, auch über diese Frage einmal ganz offen zu sprechen und zu sagen, wie es gewesen ist. – Die Judenfrage in den von uns besetzten Ländern wird bis Ende dieses Jahres erledigt sein. Es werden nur Restbestände von einzelnen Juden übrig bleiben, die untergeschlüpft sind.«[11]

Ich
werde
kein
Restbestand
sein

November II

Ich kann mit beiden Beinen zugleich hüpfen und falle dabei nur sehr selten um.

Das übe ich vorsichtshalber.

Hüpfen kann nie schaden.

In meinem Gehirn werden Spiegelneuronen aktiv: Das Beobachten der Handlung eines Dritten löst bei mir genau dieselben Empfindungen aus, die ich gehabt hätte, hätte ich die Handlung selbst vorgenommen.

Gefühlsansteckung heißt das auch, und es verunsichert mich tief.

Lachen ist ansteckend. Verzweiflung aber auch, sogar in meinem Alter.

Lachen ist gerade wenig da.

Fata Morgana

Als eine Fata Morgana bezeichnet die Historikerin Slingerland das Lager Westerbork, und das ist es auch: Eine Luftspiegelung, die Vortäuschung eines ungefährlichen Alltags, normal bis beinahe kleinbürgerlich.

Dort finden Arbeiten am Gewächshaus im Garten des Lagerkommandanten statt, hier in der Spielzeugwerkstatt, da auf dem Schrottplatz für Flugzeuge.

Es gibt eine Vorstellung im Kabarett, dem wohl besten der Niederlande, und unterschiedliche sportliche Aktivitäten. Wer mitmacht, ist von der Deportation freigestellt – vorübergehend.

In und über alldem lächelt Albert Konrad Gemmeker, organisiert die An- und Abtransporte geräuschlos. Da gibt es keine brüllenden, mörderischen SS-Männer, da funktioniert alles reibungslos, ruhig und ohne Zwischenfälle.

Etty Hillesum, unter der Verantwortung Gemmekers nach Auschwitz deportiert und dort ermordet, schreibt über diesen, er besitze das »korrekte, sportliche doch nichtssagende Äußere eines englischen Whiskytrinkers«.

Westerbork ist ein Spiel mit der Hoffnung und ihrer Zerstörung, eine Seifenblase, schillernd und jederzeit zum Platzen bereit.

Es gibt einen Film zum Leben im Lager, 85 Minuten Filmmaterial sind das, und natürlich war das Gemmekers Idee, der dem jüdischen Fotografen Rudolf Breslauer den Dreh befiehlt.

Es gibt ein Drehbuch, und wir sehen Büglerinnen und Arbeiter, sehen Waggontüren, die geschlossen werden, sehen Menschen beim Zahnarzt und im geselligen Gespräch. Alles nebeneinander her, der Tod und das Leben, alles in Eintracht, als wäre das alles vollkommen normal.

Ist es das für Gemmeker wirklich?

Sitzt der so hoch in seinem Elfenbeinturm, in seinem Luftschloss, in dem er sich bedienen lässt, dass er die Möglichkeit nicht mehr hat, den Zynismus und die Menschenverachtung zu erkennen?

Kann man sich so weit entfernen?

Offensichtlich schon. Er hat den Rubikon schon lange überschritten.

Und er hat Erfolg, größten Erfolg: Er erfüllt, er übererfüllt die Erwartungen seiner Vorgesetzten. Kein anderes Land in Europa kann einen solch reibungslosen Ablauf, reibungslosen Verlauf der Deportationen vorweisen wie die Niederlande.

Dezember II

Mein passiver Wortschatz wächst stetig, ich verstehe immer mehr, was um mich herum gesprochen wird.

Begreifen tue ich das trotzdem nicht, aber wenn ich den Erwachsenen zuhöre, muss ich feststellen, dass die das auch alles nicht begreifen.

Laufen kann ich immer sicherer und schneller, weiß aber nicht genau, wohin ich laufen soll.

Dezember 1943

Chanukka

Eine Fotografie, erhalten geblieben und sicher verwahrt.

Im Vordergrund des Bildes ein achtarmiger Leuchter, sieben Kerzen brennen schon an ihrem Platz, und hochkonzentrierte, ernste Menschen in der Durchführung des Rituals, gebannt den Blick auf die flackernden Flammen.

Es ist Chanukka, Hanukka, Fest des Lichts.

Die acht Tage mit kalendarisch unterschiedlicher Lage beginnen in diesem Jahr am Dienstag, 21. Dezember, und enden am Mittwoch, 29. Dezember.

Im Hintergrund des Fotos Gedränge, Menschen recken und strecken sich, bemüht, über die Köpfe anderer hinweg, durch sie hindurch oder an ihnen vorbei einen Blick zu erhaschen auf das Licht, Symbol für das Wunder von Chanukka. Jeden Tag wird eine Kerze mehr entzündet, bis am letzten Tag des Festes dann alle acht Kerzen brennen.

In das religiöse Ritual sind Vorsichtsmaßnahmen eingebaut: Die Kerzen sind grundsätzlich für die Öffentlichkeit sichtbar aufzustellen – sofern man sich nicht gerade in Gefahr befindet. In Zeiten der Verfolgung darf demnach von diesem Gebot abgewichen werden.

Es ist die siebte Nacht von Chanukka, es ist Dezember 1943, es ist Lager Westerbork, und es mag später Nachmittag oder Abend sein.

Die Kerzen werden entzündet mit Einbruch der Dunkelheit, gemeinsam mit dem Erscheinen der ersten Sterne am Himmel.

Und so stehen sie da, Kinder, Frauen, Männer, versammelt in einem kleinen Raum, das Licht nicht öffentlich herzeigend, und feiern das Wunder von Chanukka.

Sie feiern in Erinnerung an die Wiedereinweihung des geschändeten Zweiten Tempels in Jerusalem, der nach Verunreinigung aller Öle dann doch ein Wunder bereithält: Ein kleines, versiegeltes Gefäß mit Öl bleibt erhalten.

Die Menge Öl, die für einen Tag ausgelegt ist, brennt tatsächlich acht Tage lang.

An den acht Tagen von Chanukka darf weder getrauert noch gefastet werden.

Beides schwierig, wenn man sich im Jahr 1943 im Lager Westerbork befindet.

Solange die Lichter brennen, ruht die Arbeit, und mindestens eine halbe Stunde lang sollen sie brennen und angesehen werden.

Chanukka ist Lob und Dank, und Chanukka ist Resilienz. Aufstehen und Weitermachen, mit Blick auf die Wiedereinweihung des Tempels.

Hoffnung, Neuanfang, und ist er noch so klein. Alles beginnt mit nur einer Kerze, und irgendwann leuchtet der Raum dann hell im Schein der acht Lichter.

So sind sie dort miteinander, und für kleine Augenblicke gibt es das Licht und das Aufblitzen eines Wunderzipfels.

Da sind Kinderaugen, die ein klein wenig zu leuchten beginnen, und die Mattigkeit hebt sich für einen kurzen Moment.

Ich bin nicht in diesem Raum, wohne dem Entzünden der Kerzen nicht bei. Ich bin noch zu klein.

Leo Blumensohn aber ist da, er steht links und hält die Kerze, ein fein geschnittenes, freundliches Gesicht, die Kippah auf den dunklen Haaren, Betreuer in der Westerborker Jugendbewegung, denn so etwas gibt es.

Es gibt noch Idealismus, und es kümmern sich Jugendliche um Kinder und andere Jugendliche im Lager, und während die Züge ankommen und abfahren, organisieren sie mit Hingabe Aktivitäten und Zeremonien an jüdischen Feiertagen, eine kleine Insel, etwas Ruhe im Auge des Hurrikans.

Festgehalten werden die Aktivitäten in der Chronik der Westerborker Jugendbewegung.

Eine Ausgabe davon hat Leo Blumensohn bei sich, als er ins Ghetto Theresienstadt und im September 1944 nach Auschwitz deportiert wird. Dort verliert er das Exemplar.

Leo kommt von Auschwitz in das Arbeitslager Gleiwitz, von dort im Januar 1945 über einen Todesmarsch in das KZ Blechhammer, wo er Ende Januar von der Roten Armee befreit wird.

Leo leitet nach Kriegsende ein Heim für junge Holocaust-Überlebende aus Buchenwald und emigriert 1947 nach Israel.

Die Seele des Menschen ist das Licht des Ewigen.

Mischlei, biblisches Buch der Sprüche, Vers 20,17

Eine Chanukka-Kerzenzeremonie im Durchgangslager Westerbork

Januar II

Ich entwickle eine Ich-Wahrnehmung.

Wenn ich mein Spiegelbild sehe, erkenne ich mich und habe
eine Idee davon,

wer ich bin.

Mich selbst als Ich zu benennen gelingt mir noch nicht.

Wozu auch.

Januar 1944

Schnipsel

Nachrichten aus dem Januar 1944 unterschiedlichster Relevanz.

Oft steht das Wesentliche zwischen den Zeilen.

Ein deutsches Polizeistandgericht verurteilt in Rotterdam acht niederländische Zivilisten wegen »kommunistischer Umtriebe« zum Tode.

In

Die Deutsche Reichspost gibt eine Sondermarke zum 30. Januar, dem elften Jahrestag der nationalsozialistischen Machtergreifung, heraus.

einem

Der Uhrmacher Camille Festernaets aus Sint-Truiden (Belgien) führt die von ihm in dreijähriger Arbeit hergestellte bislang kleinste Uhr der Welt vor. Das Kunstwerk soll an Stelle eines Edelsteins an einem Fingerring getragen werden.

Monat

Der deutsche Reichsminister Martin Bormann veröffentlicht eine Denkschrift, in der er die Zeugung außerehelicher Kinder und die Bigamie nach Kriegsende propagiert.

werde

Auf einer NS-Kundgebung in Erlangen wird der neue Wahlspruch der deutschen Studenten bekanntgegeben. Er lautet: »Dein Volk ist alles.«

ich

Das Schauspiel »Hanneles Himmelfahrt« von Gerhart Hauptmann wird erstmals unter der Regie des Exildeutschen Erwin Piscator am »Dramatic Workshop« in New York aufgeführt.

tot

In München gewinnt die Wienerin Martha Musilek zum dritten Mal in Folge die Deutsche Meisterschaft im Eiskunstlauf der Frauen.

sein.

Februar II

Ich benutze so 50 oder 60 Wörter, vielleicht auch mehr.

Das soll sich in den nächsten Monaten noch deutlich steigern.

Einen explosionsartigen Anstieg des Wortumfangs versprechen mir die Lehrbücher für die Zeit ab meinem zweiten Lebensjahr.

Ich sehe schon die Wörter vor mir: Ball, Bauklotz, Schaukelpferd, Fahrrad.

Rückfahrkarte.

Februar 1944

Kofferpacken

Westerbork. Ein Name, ein Ortsname, den man verächtlich aussprechen kann.

Verächtlich aussprechen darf.

Verächtlich aussprechen muss.

Mit Westerbork sind die Deportation und der Tod von 102.000 Menschen verbunden.

102.000, das sind:

1+1+1+1+1+1+1+1+1+1+1+1+1+1+1+1+1+1+1+1+1+1+1+1+
1+1+1+1+1+1+1+1+1+1+1+1+1+1+1+1+1+1+1+1+1+1+1+1+
1+1+1+1+1+1+1+1+1+1+1+1+1+1+1+1+1+1+1+1+1+1+1+1+
1+1+1+1+1+1+1+1+1+1+1+1+1+1+1+1+1+1+1+1+1+1+1+1+
1+1+1+1+1+1+1+1+1+1+1+1+1+1+1+1+1+1+1+1+1+1+1+1+
1+1+1+1+1+1+1+1+1+1+1+1+1+1+1+1+1+1+1+1+1+1+1+1+
1+1+1+1+1+1+1+1+1+1+1+1+1+1+1+1+1+1+1+1+1+1+1+1
+1+1+1+1+1+1+1+1+1+1+1+1+1+1+1+1+1+1+1+1+1+1+1+1
+1+1+1+1+1+1+1+1+1+1+1+1+1+1+1+1+1+1+1+1+1+1+1+1

+1+1+1+1+1+1+1+1+1+1+1+1+1+1+1+1+1+1+1+1+1+1+1+1
+1+1+1+1+1+1+1+1+1+1+1+1+1+1+1+1+1+1+1+1+1+1+1+1
+1+1+1+1+1+1+1+1+1+1+1+1+1+1+1+1+1+1+1+1+1+1+1+1
+1+1+1+1+1+1+1+1+1+1+1+1+1+1+1+1+1+1+1+1+1+1+1+1
+1+1+1+1+1+1+1+1+1+1+1+1+1+1+1+1+1+1+1+1+1+1+1+1
+1+1+1+1+1+1+1+1+1+1+1+1+1+1+1+1+1+1+1+1+1+1+1+1
+1+1+1+1+1+1+1+1+1+1+1+1+1+1+1+1+1+1+1+1+1+1+1+1
+1+1+1+1+1+1+1+1+1+1+1+1+1+1+1+1+1+1+1+1+1+1+1+1
+1+1+1+1+1+1+1+1+1+1+1+1+1+1+1+1+1+1+1+1+1+1+1+1
+1+1+1+1+1+1+1+1+1+1+1+1+1+1+1+1+1+1+1+1+1+1+1+
1+1+1+1+1+1+1+1+1+1+1+1+1+1+1+1+1+1+1+1+1+1+1+
1+1+1+1+1+1+1+1+1+1+1+1+1+1+1+1+1+1+1+1+1+1+1+
1+1+1+1+1+1+1+1+1+1+1+1+1+1+1+1+1+1+1+1+1+1+1+
1+1+1+1+1+1+1+1+1+1+1+1+1+1+1+1+1+1+1+1+1+1+1+
1+1+1+1+1+1+1+1+1+1+1+1+1+1+1+1+1+1+1+1+1+1+1+
1+1+1+1+1+1+1+1+1+1+1+1+1+1+1+1+1+1+1+1+1+1+1+
1+1+1+1+1+1+1+1+1+1+1+1+1+1+1+1+1+1+1+1+1+1+1+
1+1+1+1+1+1+1+1+1+1+1+1+1+1+1+1+1+1+1+1+1+1+1+
1+1+1+1+1+1+1+1+1+1+1+1+1+1+1+1+1+1+1+1+1+1+1+
1+1+1+1+1+1+1+1+1+1+1+1+1+1+1+1+1+1+1+1+1+1+1+
1+1+1+1+1+1+1+1+1+1+1+1+1+1+1+1+1+1+1+1+1+1+1+
1+1+1+1+1+1+1+1+1+1+1+1+1+1+1+1+1+1+1+1+1+1+1+
1+1+1+1+1+1+1+1+1+1+1+1+1+1+1+1+1+1+1+1+1+1+1+
1+1+1+1+1+1+1+1+1+1+1+1+1+1+1+1+1+1+1+1+1+1+1+
1+1+1+1+1+1+1+1+1+1+1+1+1+1+1+1+1+1+1+1+1+1+1+
1+1+1+1+1+1+1+1+1+1+1+1+1+1+1+1+1+1+1+1+1+1+1+
1+1+1+1+1+1+1+1+1+1+1+1+1+1+1+1+1+1+1+1+1+1+1+
1+1+1+1+1+1+1+1+1+1+1+1+1+1+1+1+1+1+1+1+1+1+1+
1+1+1+1+1+1+1+1+1+1+1+1+ …

Die Anzahl ist erschreckend, das Leid unermesslich. In der Anzahl macht ein Leben einen Unterschied, in der Unermesslichkeit des Leidens nicht. Unendlich ist unendlich und bleibt in der Multiplikation unendlich. Bleibt die Addition: einhundertzweitausend Fälle unendliches Leid ab Westerbork, sechs Millionen Fälle unendliches Leid insgesamt.

Und dann doch die Rechenoperation der Multiplikation:

Einhundertzweitausend multipliziert mit der Anzahl der Angehörigen mal unendliches Leid.

Sechs Millionen multipliziert mit der Anzahl der Angehörigen mal unendliches Leid.

Unendlich unendlich unendlich unendlich unendlich unendlich unendlich

Kein Punkt

Nach unendlich kann kein Punkt sein

Ich, Maurice Windmüller, bin einer in dieser Unendlichkeit

Ohne Punkt

Zehn Monate habe ich hier gelebt, habe überlebt, sind die Züge ohne mich gefahren. Zehn Monate lang werde ich nicht mitgezählt, als es heißt, die korrekte Anzahl auf der Außenwand festzuhalten. Am 8.2.1944 steht dann aber auch mein Name auf der Liste. Ich habe noch nie in meinem Leben einen Koffer gepackt und werde auch diesmal keinen packen können.

Habe ich überhaupt einen Koffer dabei, oder reise ich ohne Gepäck, ich, Maurice Windmüller, auf meiner letzten Fahrt?

Begleitet mich ein Kissen, das ich mag, etwas, das vertraut riecht, oder sogar ein Kuscheltier? Ich weiß es nicht mehr.

Was ich weiß: Ich bin in meinem Kleinsein nicht alleine; mehr als jeder Fünfte in den Waggons ist ein Kind.

Der Zug kreischt, und ich kreische, und so kreischen wir gemeinsam Auschwitz entgegen, und in meinen Gedanken forme ich erneut das Wort »Rückfahrkarte«.

Der Zug erreicht am 10. Februar das Konzentrationslager Auschwitz-Birkenau.

Ich werde noch einen Tag leben.

Noch einen Tag.

Noch ein Tag.

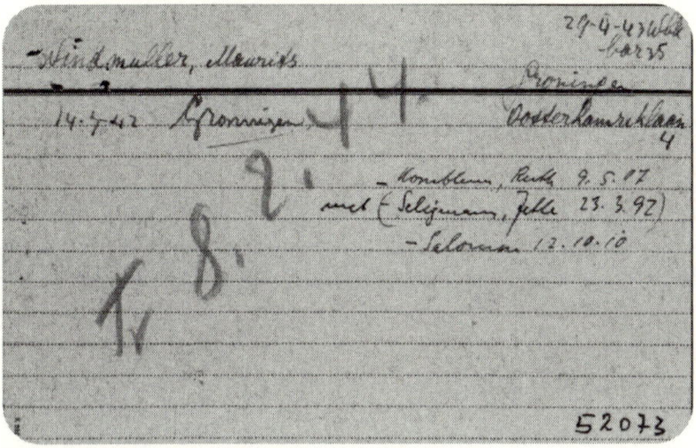

Karteikarte 52073, Maurits Windmüller

H-C≡N

Aus der »Chronologie des Holocaust«, 10.2.1944:

»Aus Westerbork werden 1.015 jüdische Menschen, darunter 221 Kinder, nach Auschwitz deportiert. 142 Männer und 73 Frauen werden als Häftlinge registriert, die anderen 800 Menschen werden in den Gaskammern getötet.«[12]

Zyklon B ist ein Schädlingsbekämpfungsmittel, ein Giftgas, auf Blausäurebasis.

Chemisch hört es auf den harmlos klingenden Namen Cyanwasserstoff mit der unscheinbaren Summenformel HCN.

Manche Menschen können den Geruch der Bittermandel riechen, andere nicht.

Entwicklung, Herstellung und Vertrieb

Inhaberin des Patents für die Herstellung ist die Degesch, die Deutsche Gesellschaft für Schädlingsbekämpfung m.b.H. Das Patent mit der Nummer DRP 438.818 wird bereits 1926 ausgegeben. Inhalt des Patents ist die Zugabe eines Stabilisators und eines Warnstoffs, eine hochporöse Masse zum Aufsaugen der Blausäure sowie die luftdichte Verpackung in Blechdosen. So kann sie leicht transportiert und eingesetzt werden. Billig, wenig aufwendig und sicher. Als Warnstoff wird Bromessigsäuremethylester verwendet, der Tränen und Niesreiz auslöst.

Als Verpackung dienen Blechdosen, abgedichtet mit dünner Gummidichtung.

Die Verpackung in Dosen ermöglicht die Abfüllung von Einheiten je 100, 200, 500, 1.000, 1.200 und 1.500 Gramm. Die Dosen haben eine Wandstärke von 0,35–0,42 mm und halten je nach Durchmesser einen Innendruck von 6–10 atü aus.

Sie können nach Gebrauch wiederverwendet werden.

Hauptproduzent ist die Dessauer Zuckerraffinerie GmbH. Der Vertrieb erfolgt über die Unternehmen Tesch & Stabenow (Vertriebsmonopol für Zyklon B in weiten Gebieten östlich der Elbe) und Heerdt-Lingler. 1930 tritt die IG Farben mit 30%iger Beteiligung in den Gesellschafterkreis der Gegesch ein. 1936 wird ein neuer Vertrag geschlossen. Nun gehört die Degesch zu 42,5 % der IG Farben, zu 42,5 % der Degussa und zu 15 % dem Theo Goldschmidt Konzern.

Den höchsten Erlös aus den Verkäufen erzielt das Unternehmen im Jahr 1943.

Anwendung

Bruno Tesch selbst schult bereits 1941 SS-Angehörige in Sachsenhausen im regulären Gebrauch des Schädlingsbekämpfungsmittels.

Ein erster Test des Giftstoffs erfolgt Ende August 1941 in Abwesenheit des Kommandanten Höss im Keller des Blocks 11.

Ein kleiner Versuch, betrachtet man die späteren Dimensionen, und stümperhaft in Anbetracht späterer Effizienz und Effektivität.

Nach Rückkehr des Kommandanten dann Anfang September ein größerer Test: 600 Kriegsgefangene und 250 Kranke werden in einem Keller vergast.

Zur Besichtigung am folgenden Morgen tragen die Schergen noch Gasmasken zur eigenen Sicherheit – im Gegensatz zu den wenigen Überlebenden des Experiments, die mit einer erneuten Dosis Zyklon B endgültig umgebracht werden.

Seit Mitte 1943 bestellt Obersturmführer der SS Kurt Gerstein Zyklon B ohne Warnstoff bei Lieferung direkt von der Degesch. Ohne Nachfragen wird geliefert.

Die Bestellungen steigen mit der Anzahl der ankommenden Züge aus allen besetzten Gebieten sprunghaft an:

Von Zyklon B ohne Warnstoff werden bestellt und geliefert:

590 kg im Jahr 1943, 1.158 kg im Jahr 1944.

Öffnet man die Dose, so ist Zyklon B ab Zimmertemperatur sofort als tödliches Gift wirksam. Auch im Winter kein Problem, denn die zusammengepferchten Menschen in den Gaskammern produzierten diese Temperatur mit ihren Köpern von alleine; nüchterne Wissenschaft.

Der Körper eines stehenden Menschen erzeugt 1,72 Kcal pro Minute. 1.800 Körper erzeugen dementsprechend 3.096 Kcal minütlich. Die Verdunstungswärme von Blausäure beträgt -6,67 Kcal/mol; da sein molekulares Gewicht 27,03 ist, entspricht die Verdunstungswärme von 6 kg Blausäure (6000×6,67/27,03=) 1.480 Kcal. Dies ist die Hälfte der Wärme, die 1.800 Körper in einer Minute erzeugen.[13]

Keine Vorheizkosten.

Die Lagerung und Freigabe des Gases gehören zu den Aufgaben der Mitarbeiter der SS-Apotheke. Ein Desinfektor, tatsächlich ein Sanitätsgrad, ausgebildet im Umgang mit Zyklon B, braucht lediglich eine Leiter, um das Gas in die hoch angebrachten Einwurföffnungen zu schütten.

Mathematik und Nachhaltigkeit

Auch Mathematik kann grausam sein, wendet man sie so an:

Pro Vorgang der Vergasung können 8.696 Menschen umgebracht werden, und das mehrmals am Tag.

Die Kapazität der Krematorien lässt es zu, 4.416 Menschen in 24 Stunden zu verbrennen.

Die Kapazität der ausgehobenen Massengräber ist ausreichend.

Selbst über eine Rinne in den Krematorien, die das freiwerdende Fett auffangen kann, machen sich die Schlächter Gedanken: Nachhaltigkeit heißt das Gebot, und so wird das Fett zur effizienteren Verbrennung zurückgeleitet über die Leichenberge.

Es sind keine Krematorien, sondern – streng genommen nach Bauverordnung – Kadaververbrennungsanstalten.

Die Wirkung

Tödlich wirkt Zyklon B bereits mit 0,2 tausendstel Gramm pro Liter Atemluft; das entspricht einer Konzentration von 0,2 ppm und tötet in etwa einer Stunde.

Die Konzentration in den Gaskammern von Auschwitz variiert in Abhängigkeit von der Stelle des Gifteinwurfs. Sie liegt aber an jeder Stelle im Raum über 300 ppm.

Eine Vergiftung mit Cyanwasserstoff ist für den Menschen verheerend und führt zum inneren Ersticken.

Normalerweise verbindet sich Sauerstoff in den Mitochondrien mit dem Hämoglobin und wird so zu den Organen und den Zellen transportiert.

Bei der Vergiftung mit Cyanwasserstoff nimmt das Gift die Stelle des Sauerstoffs ein.

Die Zellen und die Organe erhalten keinen Sauerstoff mehr. Es kommt zum inneren Ersticken. Die Haut des Opfers kann sich hellrosa färben. Der Tod kann nach Sekunden eintreten, aber auch minutenlange Todeskämpfe zur Folge haben. Am schnellsten sterben große Menschen nahe des Gifteinlasses, länger zu kämpfen haben Kinder oder Menschen, die am Boden liegen.

Knapp eine Million Menschen stirbt in Auschwitz im Giftgas in den Jahren 1942 bis 1944.

Einer dieser Menschen bin ich.

Mein Ende

Der Weg in die Gaskammer, ins Nichts. Ich weiß nicht ob geschoben oder von fremder Hand getragen, beschützt, geschützt vermeintlich, oder auch auf eigenen wackeligen Beinen, aber ich lege sie zurück, die Strecke der Endgültigkeit dieses letzten Weges. Es ist kein Ausflug, auch wenn sie es mich glauben machen wollen, denn ich kann aus ihren Gesichtern den nahenden Tod lesen, hören, fühlen, riechen, schmecken, sehen.

Es ist der 11. Februar 1944.

Ich ringe mit dem Tod.

Ich kämpfe noch einige Minuten.

Ich sterbe.

Ich bin tot.

Der letzte Deportationszug nach Auschwitz fährt am 3. September 1944 in Westerbork ab. 1.019 jüdische Menschen: 498 Männer, 442 Frauen, 79 Kinder, darunter Anne Frank, ihre Eltern und ihre Schwester Margot.

Epilog.

Ich war Maurice.

Mein Leben war kein Konjunktiv.

Ich hätte es nicht leben können, ich habe es gelebt.

Ich hätte nicht Dieser oder Jener sein können, ich war Jemand.

Ich hätte nicht Dieses oder Jenes lernen können, ich habe gelernt.

Mein Leben war kein Passiv.

Ich wurde nicht gelebt, ich habe gelebt.

Ich war aktiv, und ich tat, und ich nahm teil und war Teil von.

Und ich nehme weiterhin teil.

Ich tue weiterhin.

Ich bin weiterhin Teil von.

Es gibt nur ein wirkliches, ohnmächtiges Passiv in meinem Leben:

Ich wurde ermordet.

Und dennoch, und deswegen, und gerade deswegen, weswegen denn sonst: Wenn sich Menschen meiner erinnern, meine Geschichte schreiben und lesen, dann reiche ich über mein eigenes Leben hinaus, greife in euer Leben ein, bin im Heute angekommen, in einer Zeit rund achtzig Jahre nach meinem Tod.

Dann bin ich lebendig, dann bin ich da.

Abspann, den Blick in das zukünftige Heute

»Dass wir wieder werden wie Kinder, ist eine unerfüllbare Forderung. Aber wir können zu verhüten versuchen, dass die Kinder so werden wie wir.«

Erich Kästner

»Die Forderung, dass Auschwitz nicht noch einmal sei, ist die allererste an Erziehung.

Sie geht so sehr jeglicher anderen voran, dass ich weder glaube, sie begründen zu müssen noch zu sollen.«

Theodor W. Adorno

Vom selben Stern

Genealogie.

Emden

Moritz Windmüller, am 10.2.1878 in Emden geboren und Inhaber eines gutgehenden Schlachtereibetriebs in der Mühlenstraße, war mein Großvater. Es geht ihm gut, privat und beruflich, auf den gutgehenden Laden ist er stolz, wie man darauf stolz sein darf, es gab sogar einen Telefonanschluss.

Wer einen gutgehenden Laden hat und einen eigenen Telefonanschluss, der ist neben allen menschlichen Werten zudem eine gute Partie.

1909 heiratet er Jette Windmüller geborene Seligmann, damals 17 Jahre alt. Eine glückliche Ehe. Das Paar bekommt fünf Kinder:

Salomon, 12.10.1910
Isaak, 29.10.1915
Max, 07.02.1920
Ruth, 02.01.1923
Emil, 19.04.1924

Fünf Kinder verleben eine unbeschwerte Kindheit.

Das Blatt wendet sich 1933.

Zuerst verboten die NS-Machthaber das Schlachten nach jüdischem Ritual, um im Anschluss die Gewerbeerlaubnis einziehen zu können.

Ein perfider Schachzug, eine erste Existenzgefährdung, ein schrilles Warnsignal. Mein Großvater hat es gehört. Die Familie flieht mit Hilfe von Verwandten 1937 nach Groningen, Niederlande.

Groningen

Sie finden eine Wohnung in der Folkingestraat.

Moritz Windmüller verstirbt kurz nach der Flucht in die Niederlande am 2.5.1937.

Die Umstände seines Todes sind unklar.

Als am 15. Dezember 1939 die Grenze für Juden, als unerwünschte Ausländer, geschlossen wird, leben sie schon seit zwei Jahren in den Niederlanden.

Flüchtlinge, die ab jetzt trotzdem kommen und erfasst werden, sollen nicht integriert, sondern in einem zentralen Lager untergebracht werden.

Schicksale

Jette Windmüller ist seit Mai 1937 Witwe. Sie erlebt meine Geburt im Jahr 1942, und ich bin froh, Fotos zu haben, die sie und mich zeigen in inniger Verbundenheit.

Sie wird am 12. Dezember 1942 von Westerbork nach Auschwitz deportiert und dort am 15.12.1942 ermordet.

Mein Vater, **Salomon Windmüller**, geboren 12.10.1910, war drauf und dran, den Familienbetrieb später zu übernehmen. Er machte in Emden eine Lehre zum Schlachter.

Er wird am 30.11.1942 gemeinsam mit meiner Mutter von Westerbork nach Auschwitz deportiert, dort als Häftling registriert und stirbt am 31.3.1943 an Marasmus, an den Folgen vollkommener Entkräftung.

Meine Mutter, **Ruth Windmüller-Kornblum**, Tochter von Max Kornblum und Hulde Leubuscher, erblickt am 9. Mai 1907 in Rybnik das Licht der Welt. Viel ist über ihr Leben nicht bekannt, aber immerhin das: verheiratet, ein Kind (ich).

Am 30.11.1942 wird sie gemeinsam mit meinem Vater von Westerbork nach Auschwitz deportiert, am 3.12.1942 ermordet.

Isaak Windmüller, geboren 29.10.1915 in Emden, der Zweitälteste. Er leitet in Groningen die Gruppe Jugend-Alija, die junge Juden zur Auswanderung nach Palästina vorbereitet. Zwei Wochen vor Kriegsbeginn gelingt ihm die Emigration nach Großbritannien. Er dient während des Krieges in der britischen Armee. 1945 zieht er nach Palästina. Er stirbt 1999.

Max Windmüller, geboren 7. Februar 1920, benannt nach dem im ersten Weltkrieg gefallenen Bruder des Vaters.

Er schließt sich einer holländischen Widerstandsgruppe an, die Juden versteckt und versorgt. Im August 1943 wird er gefasst und nach Westerbork gebracht.

Es gelingt ihm die Flucht in einem Wäschewagen. Er geht nach Paris, und es entsteht mit Hilfe der französischen Résistance und der spanischen Antifaschisten ein Netzwerk unter den bedrohten Juden.

Nach der Landung der Alliierten am 6. Juni 1944 werden die Mitglieder des jüdischen Widerstands in Paris verraten und verhaftet. Es beginnt eine Tortur von Folter, Konzentrationslagern, schwerer körperlicher Arbeit. Er wird am 10. April 1945 von Buchenwald nach Flossenbürg gebracht, einen Tag vor der Befreiung Buchenwalds durch amerikanische Soldaten.

14.000 Häftlinge werden am 19. April von Flossenbürg nach Dachau geschickt, zu Fuß. Ein Todesmarsch. Max ist entkräftet und krank; am 21. April kann er nicht mehr weitergehen. Er wird erschossen.

Ruth Windmüller, geboren 2.1.1923, die einzige Tochter von Moritz und Jette. Im Juli 1938 gelingt ihr die Flucht nach Palästina mit der letzten Jugendemigration. Sie stirbt im Jahr 2000.

Emil Windmüller, das Nesthäkchen, geboren 19.4.1924. Er ist neun Jahre alt, als die Familie nach Groningen flieht. Sein älterer Bruder Max Windmüller schleust ihn 1942 aus den Niederlanden über das ebenfalls von deutschen Truppen besetzte Frankreich nach Spanien aus. Von dort aus gelangt Emil nach Palästina. Er lässt sich dauerhaft in Israel nieder und verstirbt dort 1972, im Alter von 48 Jahren.

Quellen- und Abbildungsverzeichnis

1 Gedenk- und Bildungsstätte Haus der Wannsee-Konferenz
https://www.ghwk.de/de/blog/verfolgen-und-aufklaeren-die-generation-der-holocaustforschung (abgerufen: 27.09.2024)

2 »Chronologie des Holocaust«
https://www.holocaust-chronologie.de/chronologie/1942/oktober.html (abgerufen: 27.09.2024)

3 Landeszentrale für politische Bildung, Baden-Württemberg (Hrsg.): »Die Nacht als die Synagogen brannten«, 1998
https://www.lpb-bw.de/publikationen/pogrom/pogrom6.htm (abgerufen: 27.09.2024)

4 »Chronologie des Holocaust«
https://www.holocaust-chronologie.de/chronologie/1942/dezember.html (abgerufen: 27.09.2024)

5 »Chronologie des Holocaust«
https://www.holocaust-chronologie.de/chronologie/1943/januar.html (abgerufen: 27.09.2024)

6 NS-Archiv, Dokumente zum Nationalsozialismus
https://www.ns-archiv.de/verfolgung/korherr/korherr-lang.php (abgerufen: 27.09.2024)

7 German History in Domuments and Images
https://germanhistorydocs.org/de/deutschland-nationalsozialismus-1933-1945/goebbels-rede-im-berliner-sportpalast-18-februar-1943 (abgerufen: 27.09.2024)

8/9 J. G. Gaarlandt (Hrsg.): »Das denkende Herz, Die Tagebücher von Etty Hillesum 1941–1943«, 1985, Rowohlt Taschenbuch

10 Posener Reden
https://de.wikipedia.org/wiki/Posener_Reden (abgerufen: 27.09.2024)

12 »Chronologie des Holocaust«
https://www.holocaust-chronologie.de/chronologie/1944/februar.html (abgerufen: 27.09.2024)

13 zit. nach Reinhard Tenhumberg, Düsseldorf
http://www.tenhumbergreinhard.de (abgerufen: 27.09.2024)

Bildnachweise nach Seitenzahl

29 Riegner Telegramm, United State Holocaust Memorial Museum, Wikipedia Commons

48 Zugschild, Foto: Rudolf Breslauer, Nationaal Archief NL

52 Dossier 144329, Arolsen Archives, DocID: 130400805 https://collections.arolsen-archives.org/de/search/person/130400805?s=Windm%C3%BCller,%20Salomon&t=2575138&p=0 (abgerufen: 27.09.2024)

52 Dossier 55195, Arolsen Archives, DocID: 130400804 https://collections.arolsen-archives.org/de/search/person/130400804?s=Windm%C3%BCller,%20Ruth&t=2575138&p=0 (abgerufen: 27.09.2024)

59 Reisekostenabrechnung Franz Rademacher, »Liquidation von Juden«, picture alliance / dpa | Auswärtiges Amt

77 Maurice mit Leo Weersing und Frau Weersing, Fotos: privat

95 Dossier 144330, Arolsen Archives, DocID: 130400800 https://collections.arolsen-archives.org/de/search/person/130400800?s=Windm%C3%BCller,%20Mauritz&t=2575138&p=0 (abgerufen: 27.09.2024)

112 Eine Chanukka-Kerzenzeremonie im Durchgangslager Westerbork, Niederlande, Dezember 1943, Fotoarchiv Yad Vashem 1922/14

123 Karteikarte 52073 Arolsen Archives, DocID: 130400800 https://collections.arolsen-archives.org/de/search/person/130400800?s=Windm%C3%BCller,%20Mauritz&t=2575138&p=0 (abgerufen: 27.09.2024)